LEONE, TIGRE E ORSO

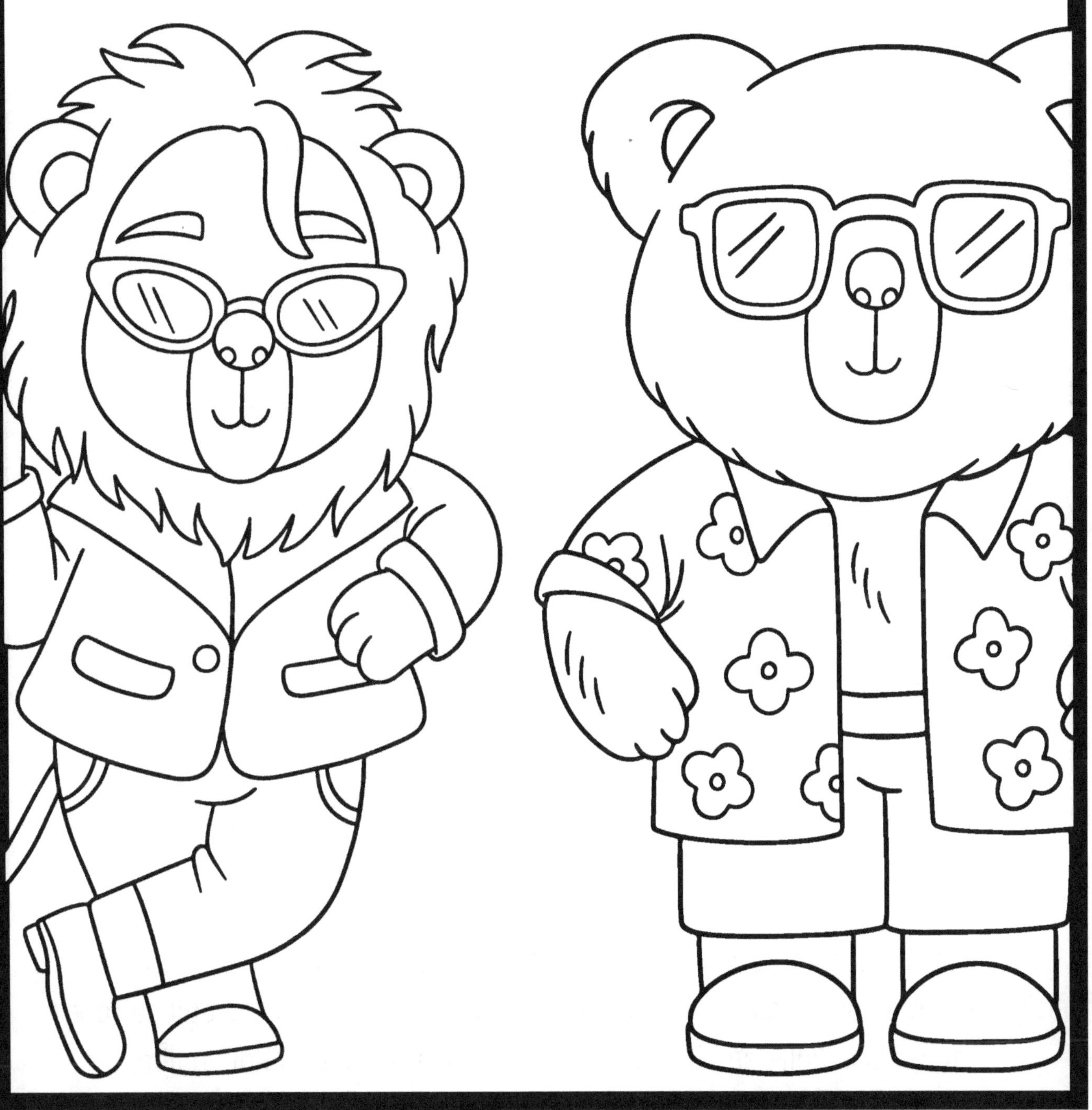

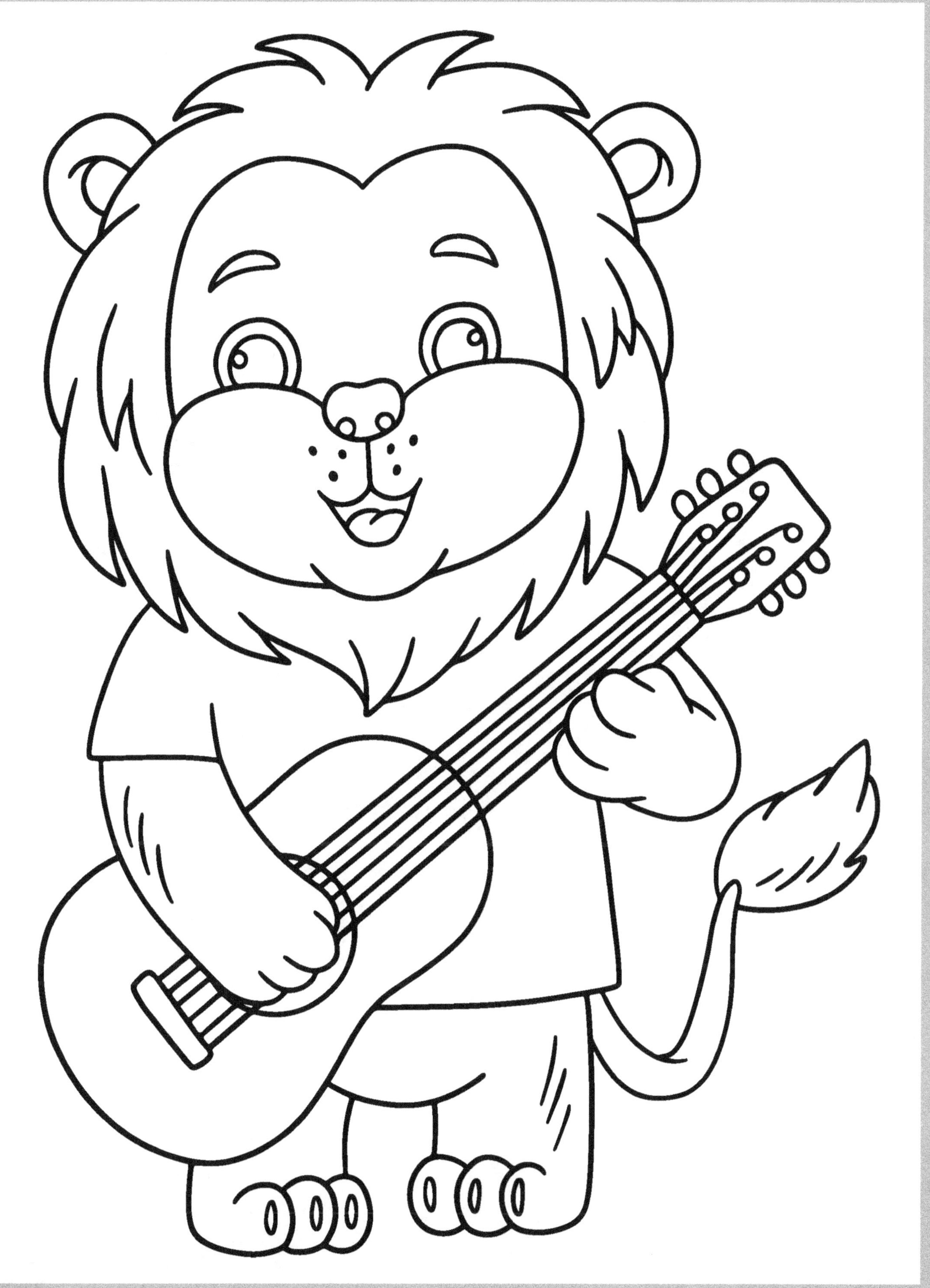

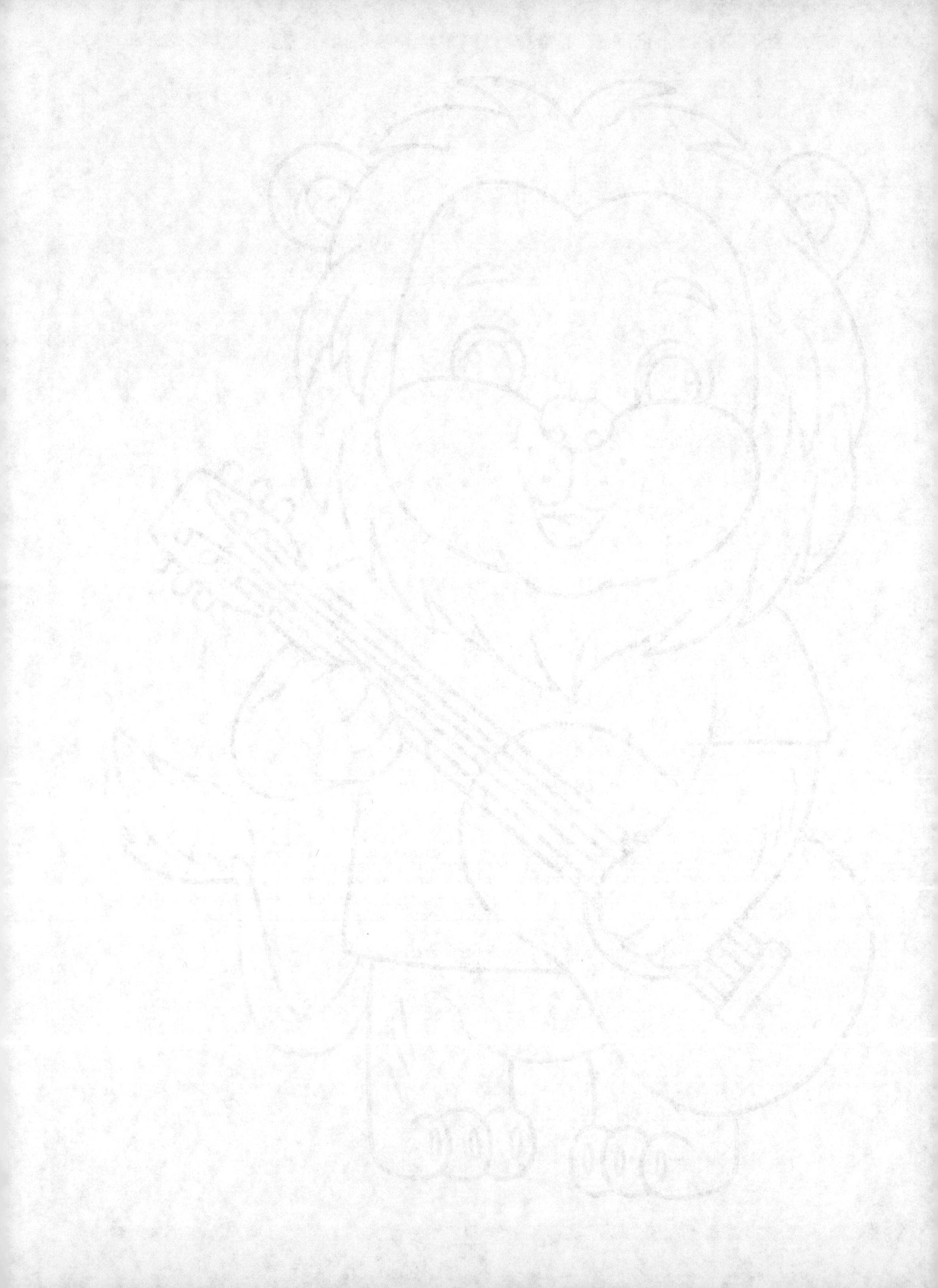

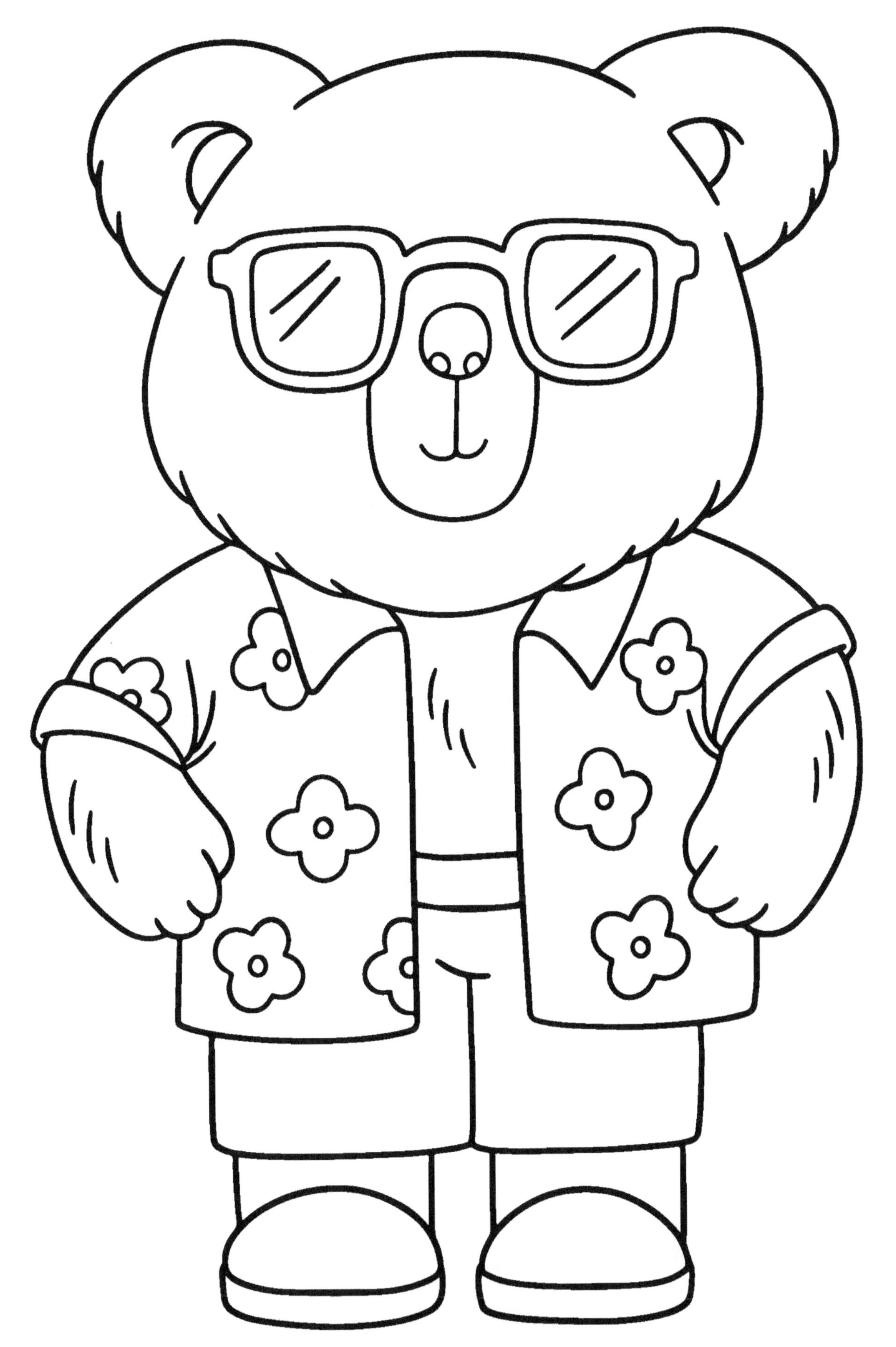

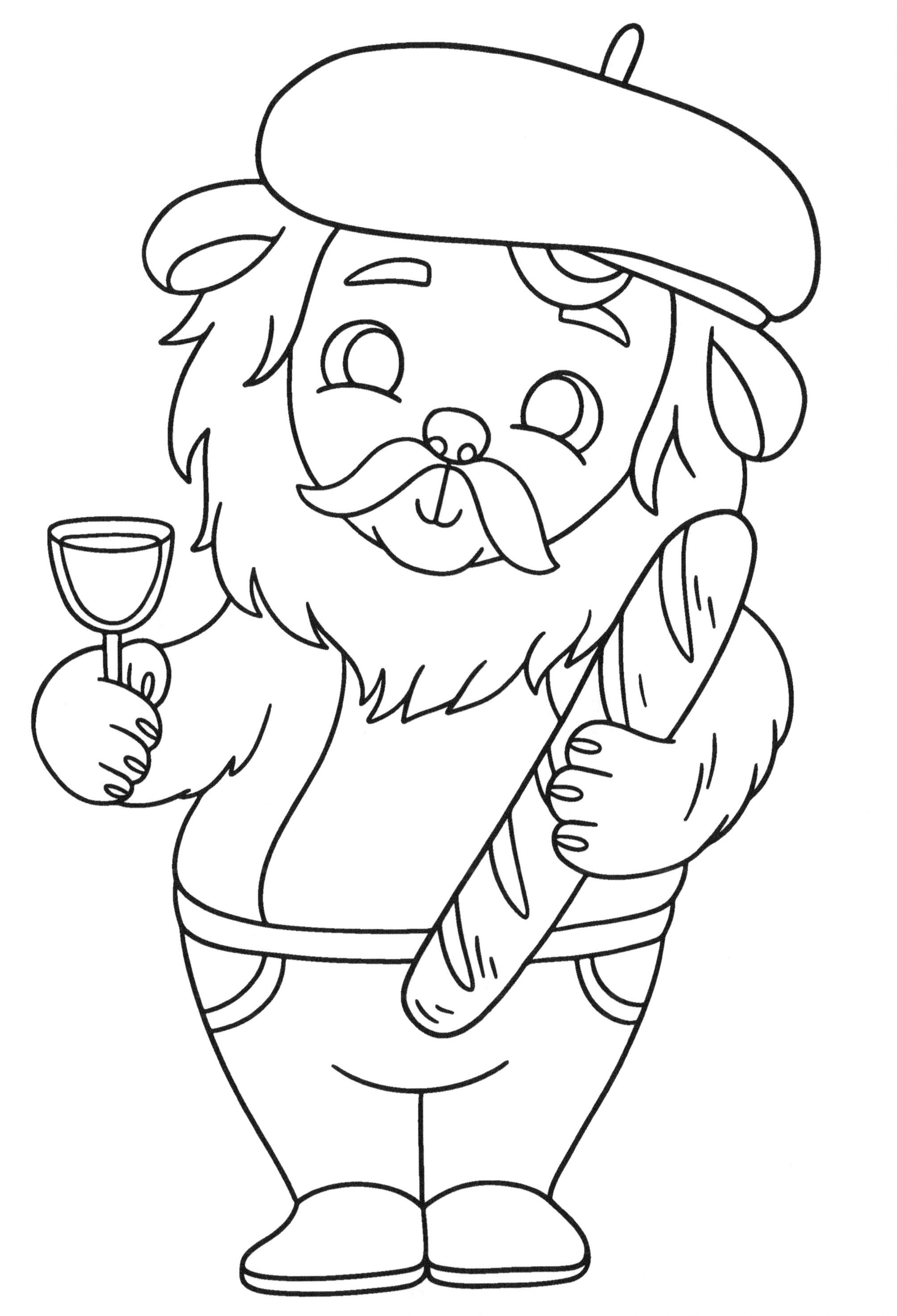

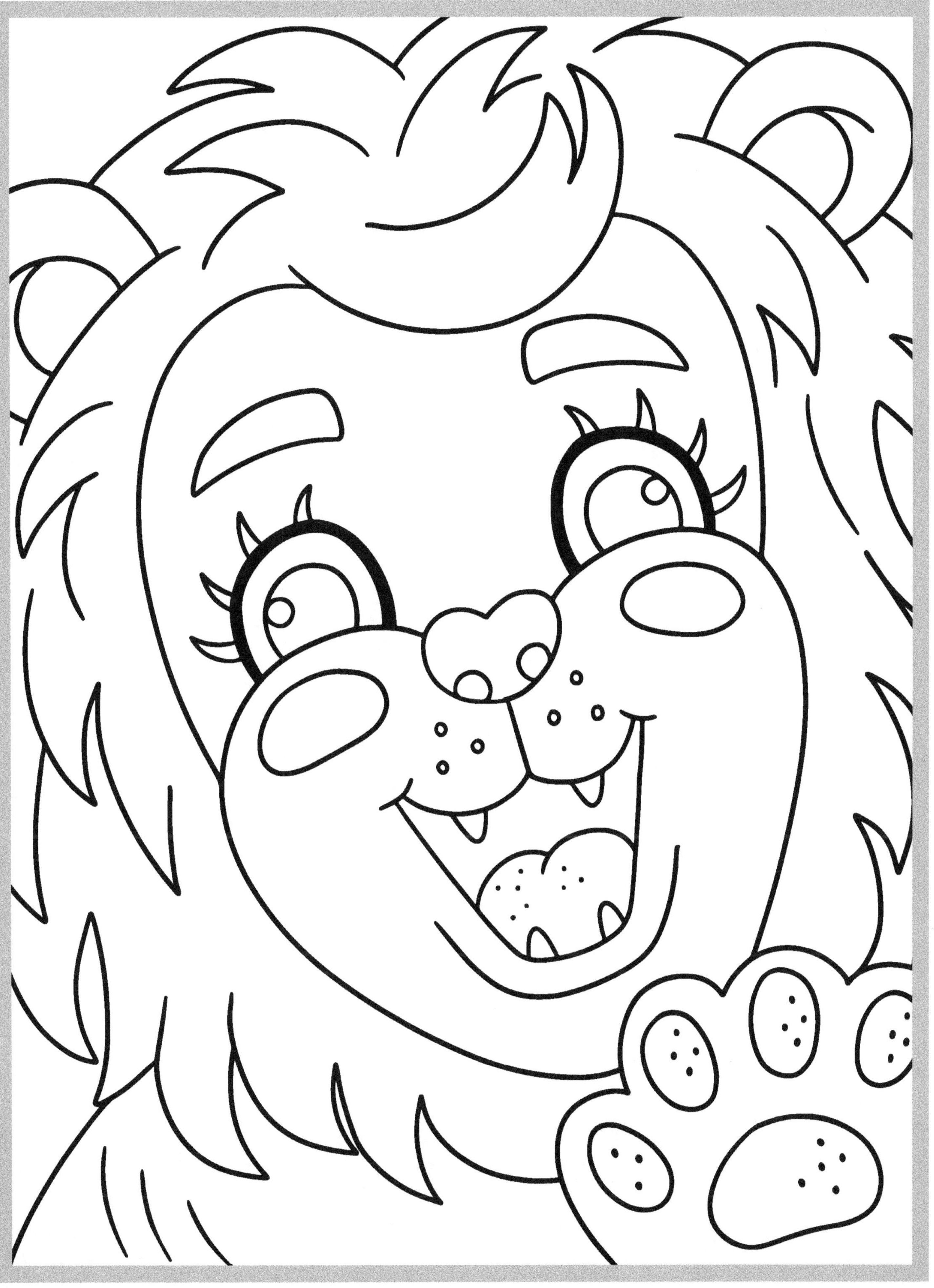

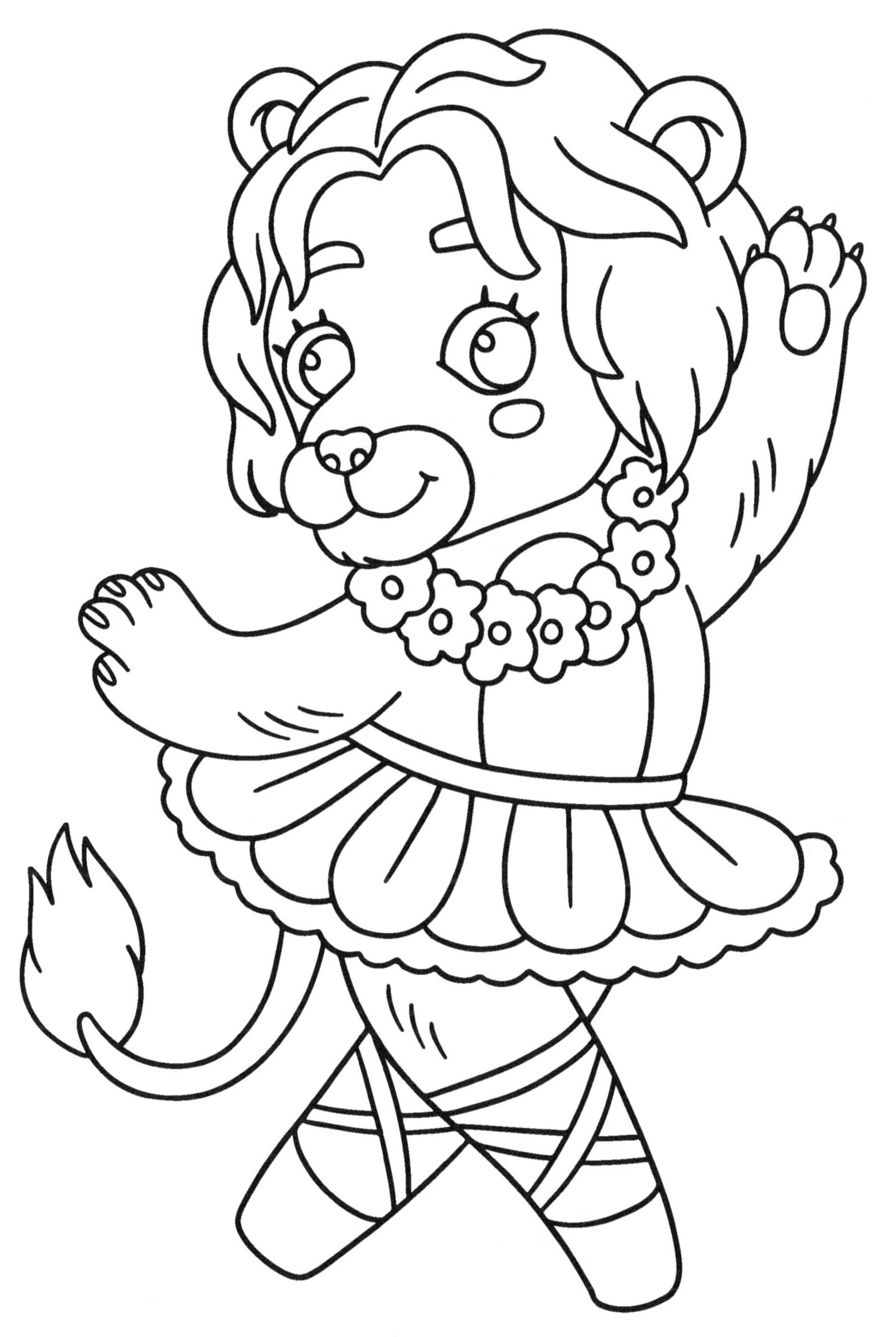

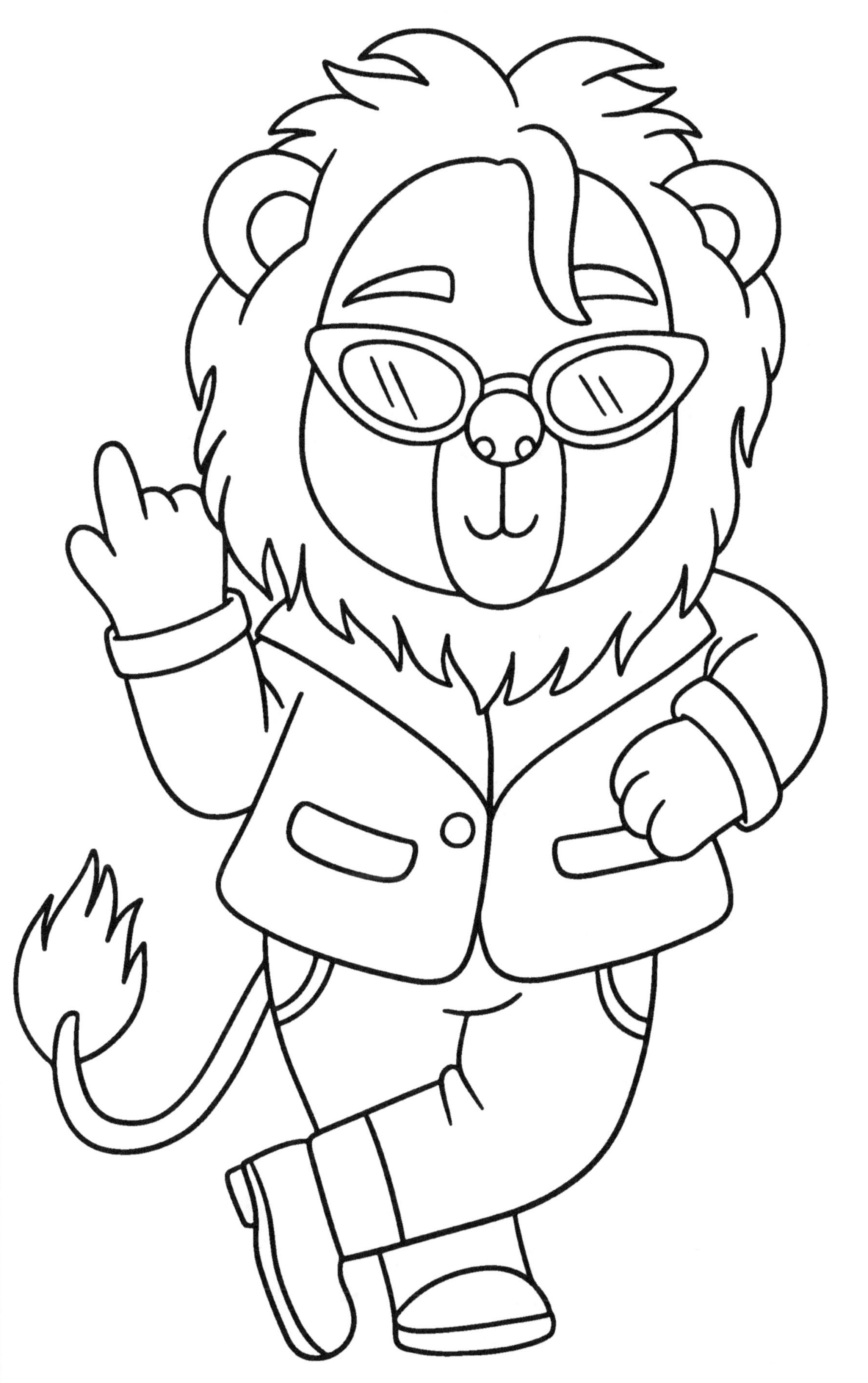

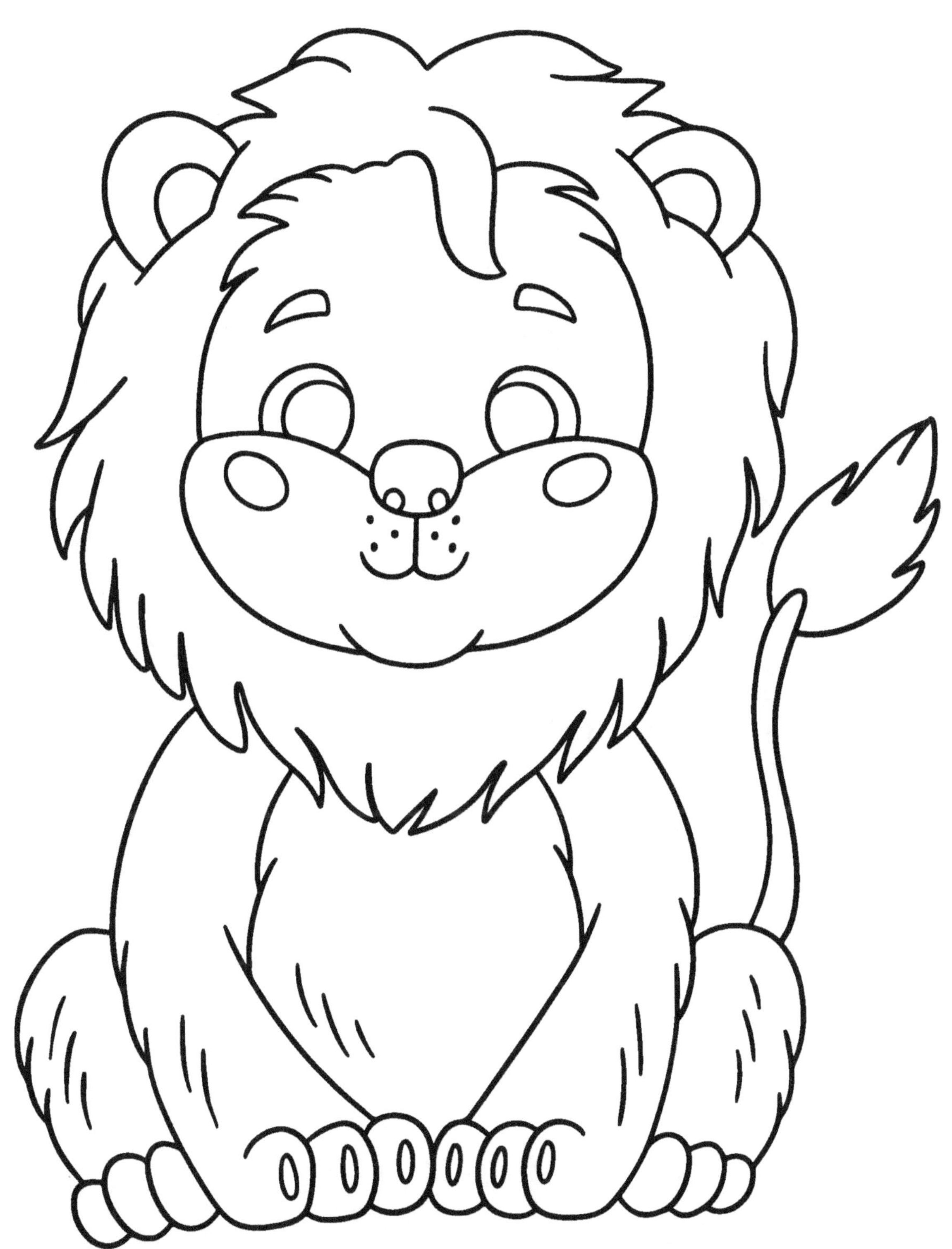

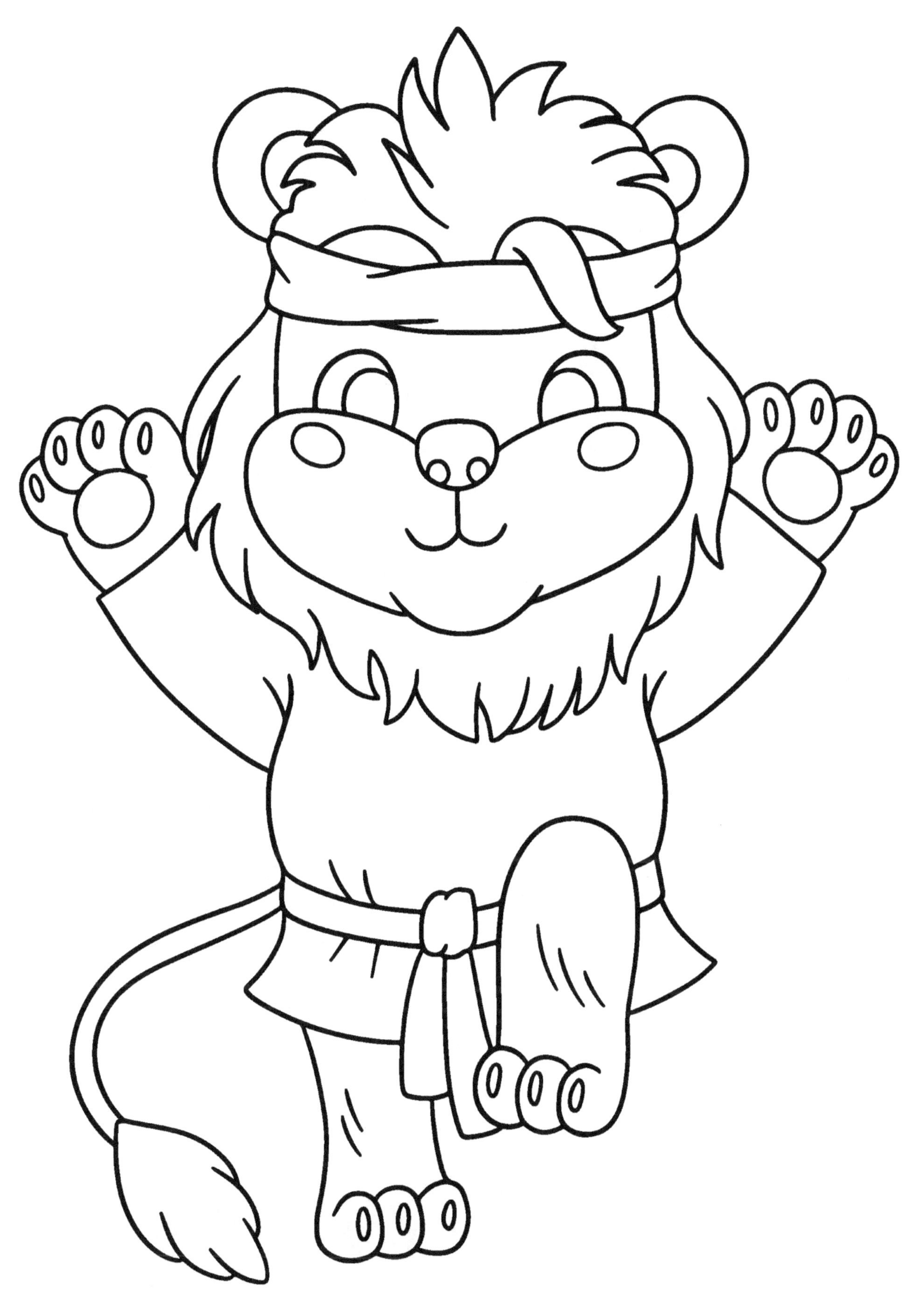

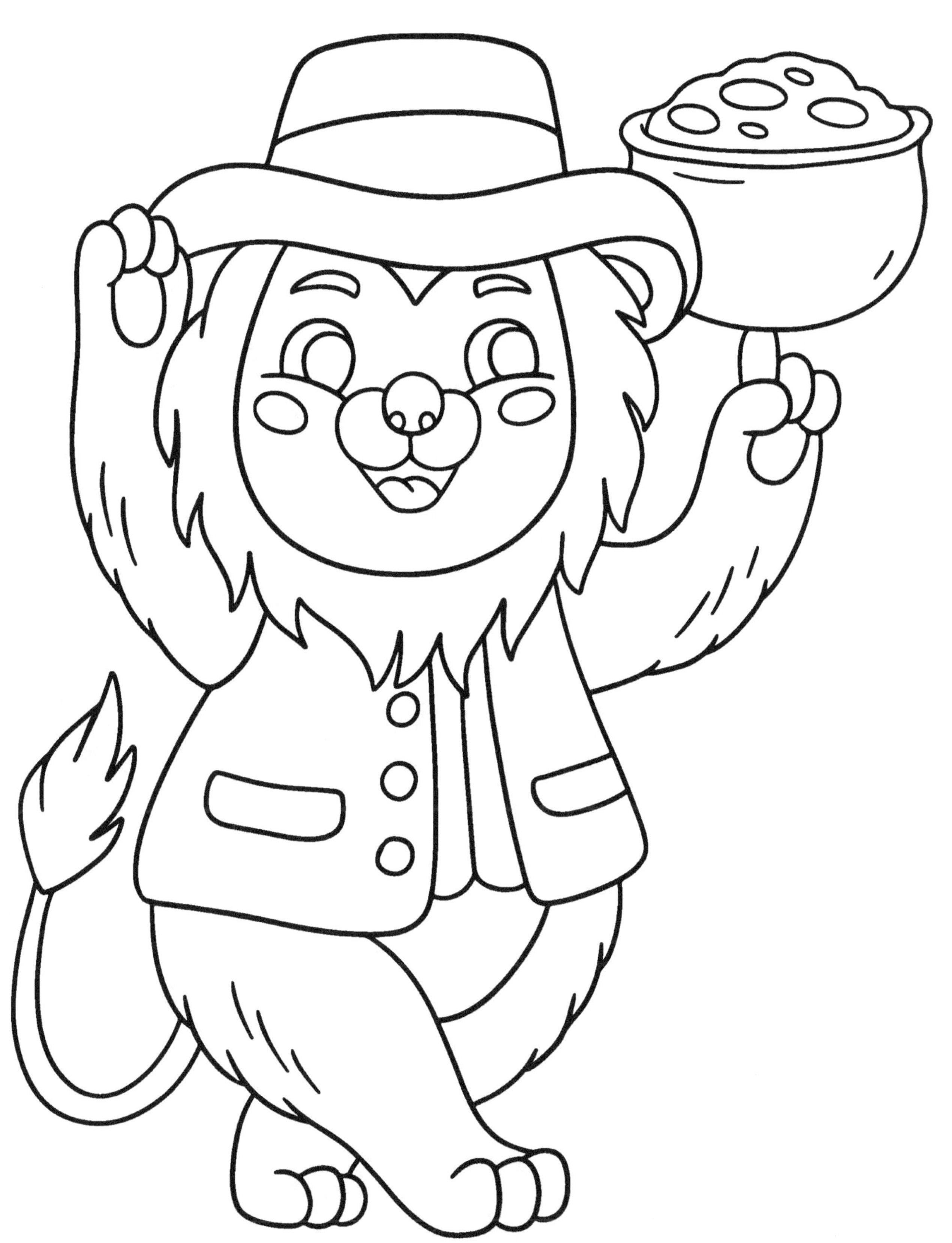

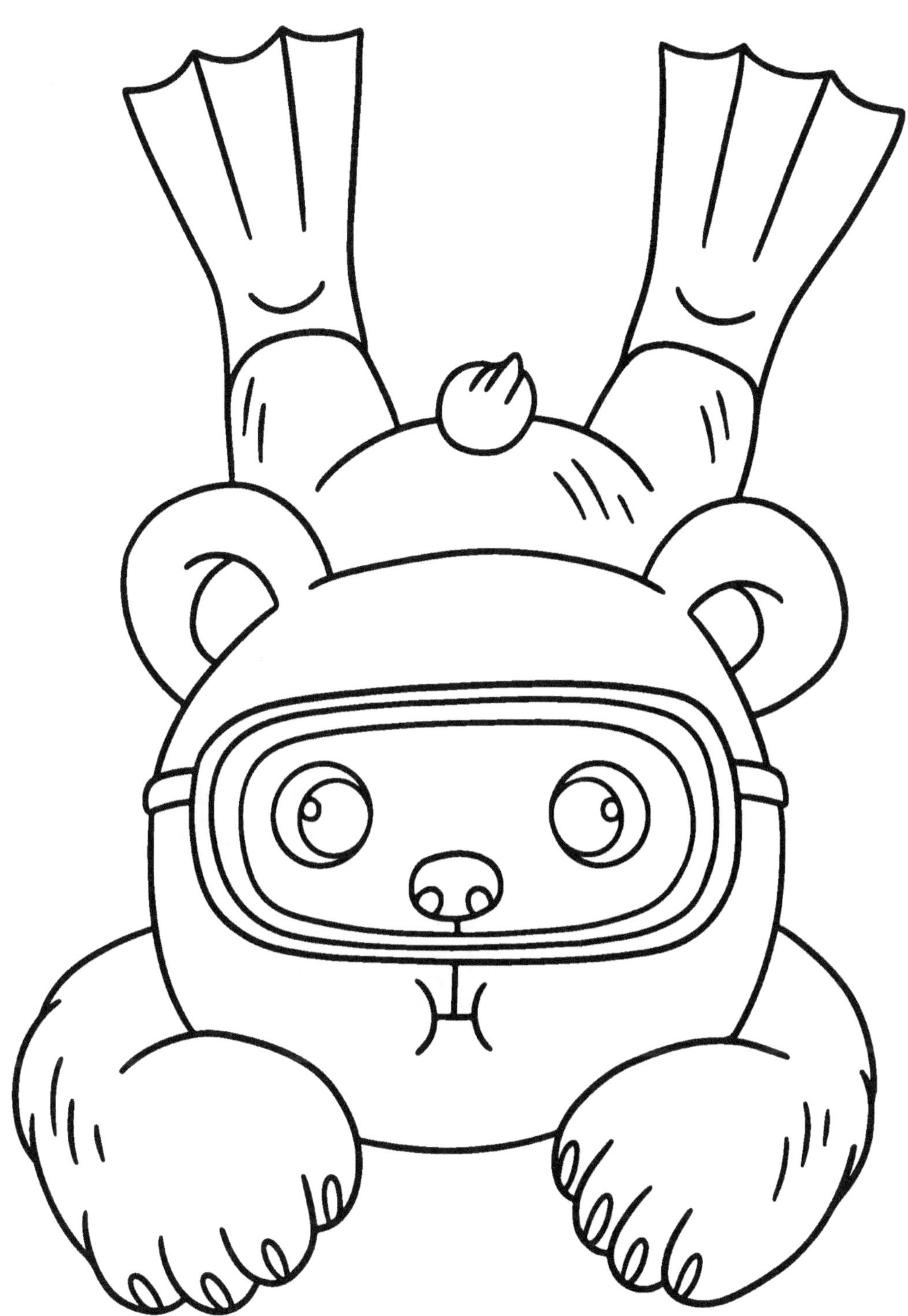

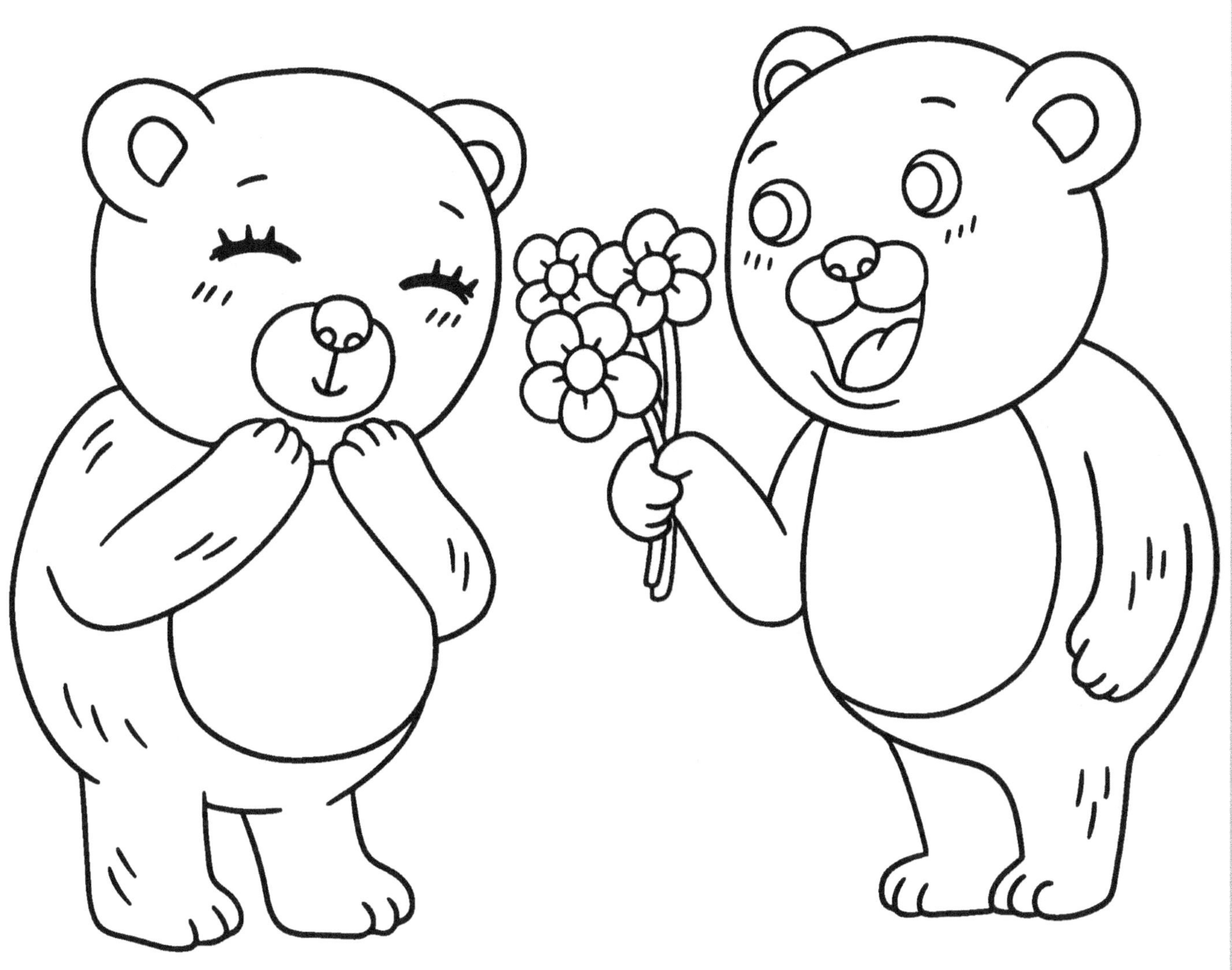

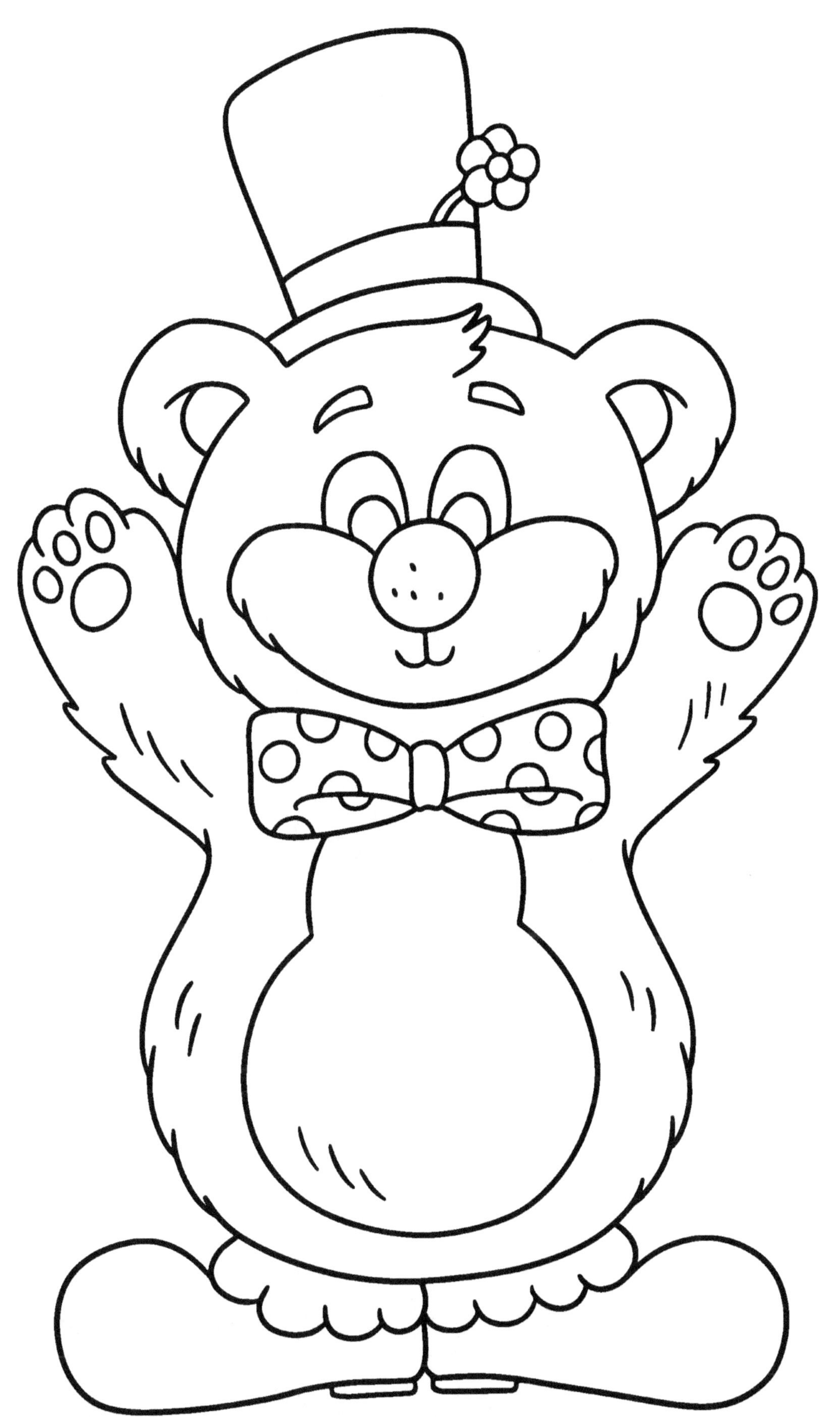

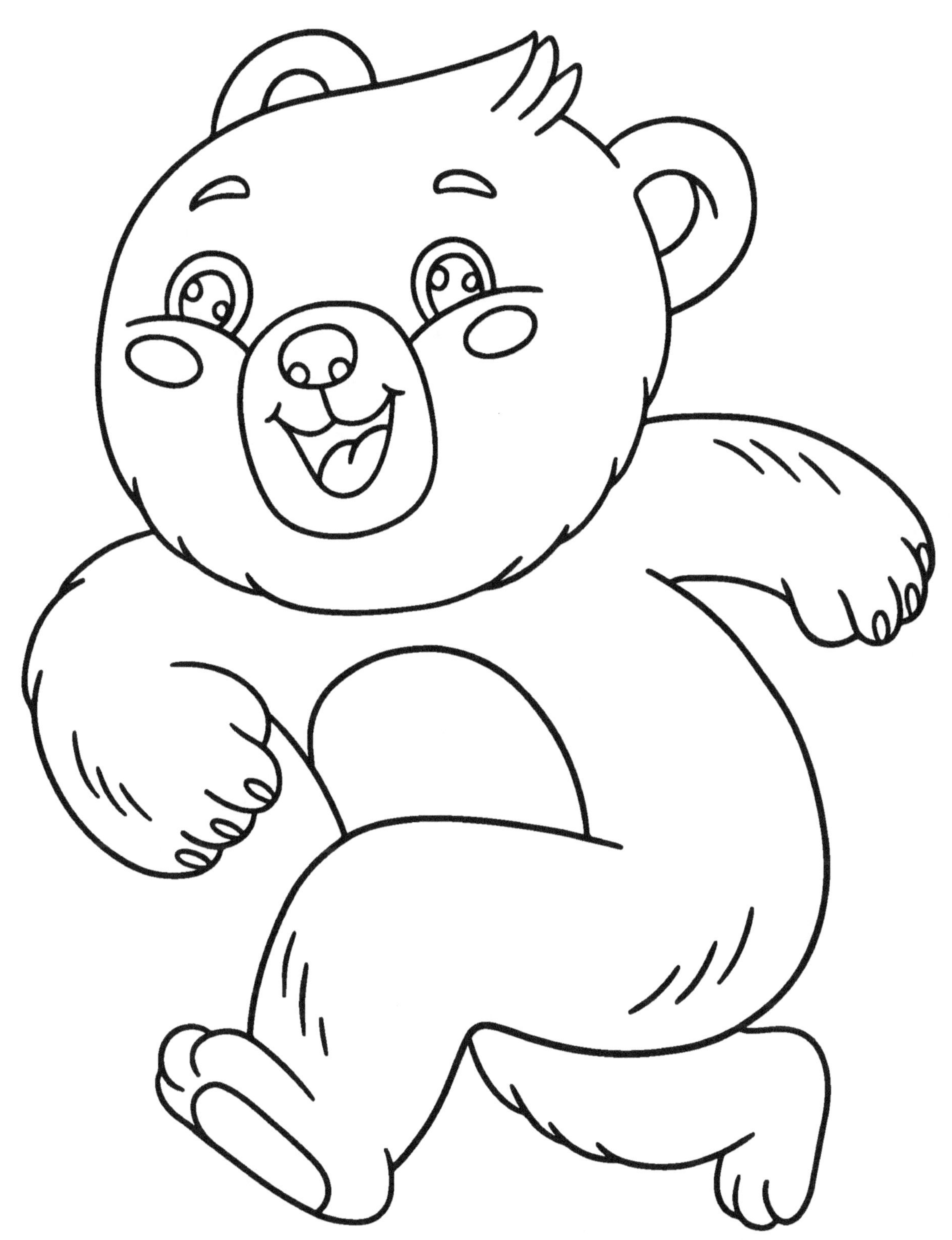

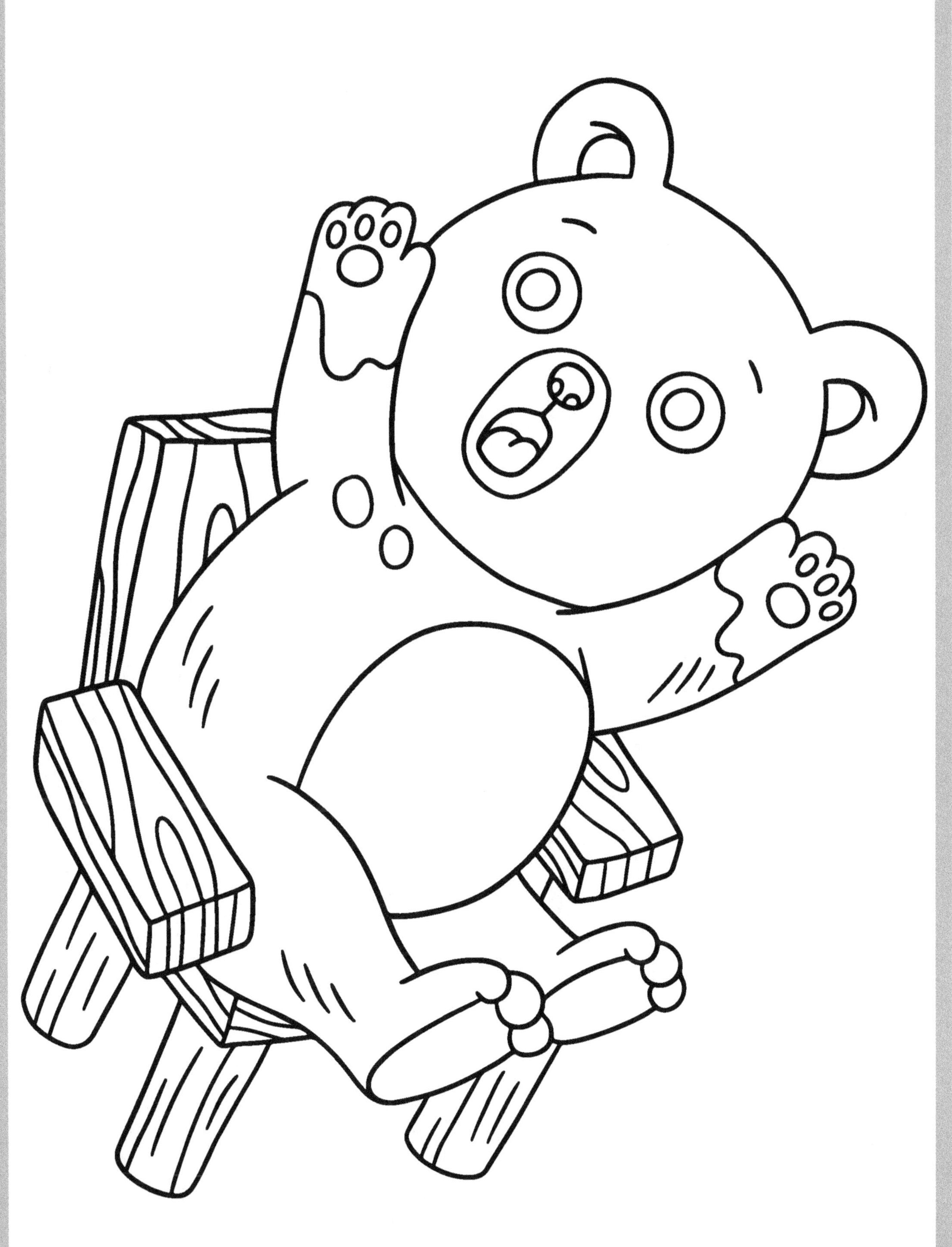

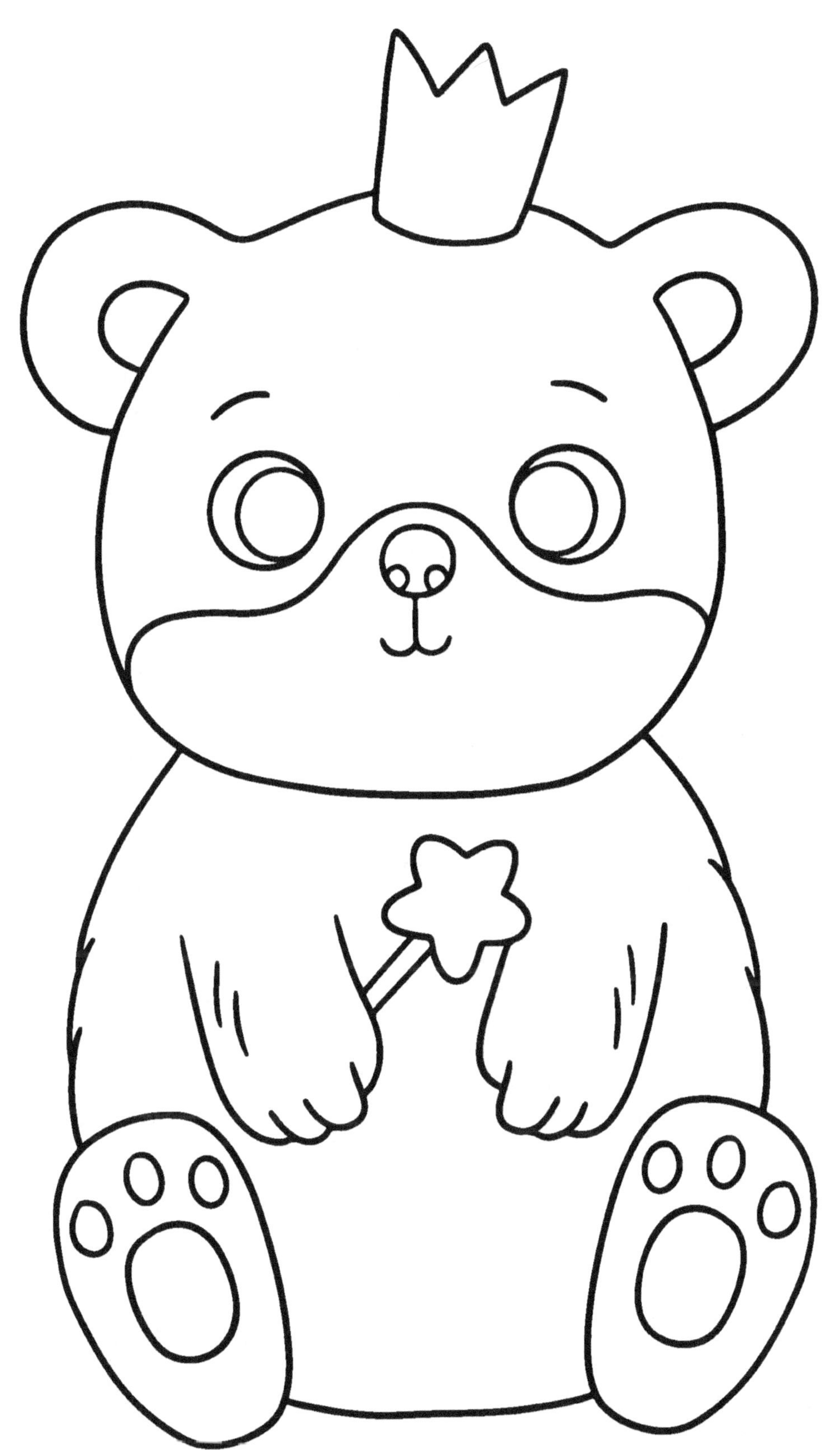

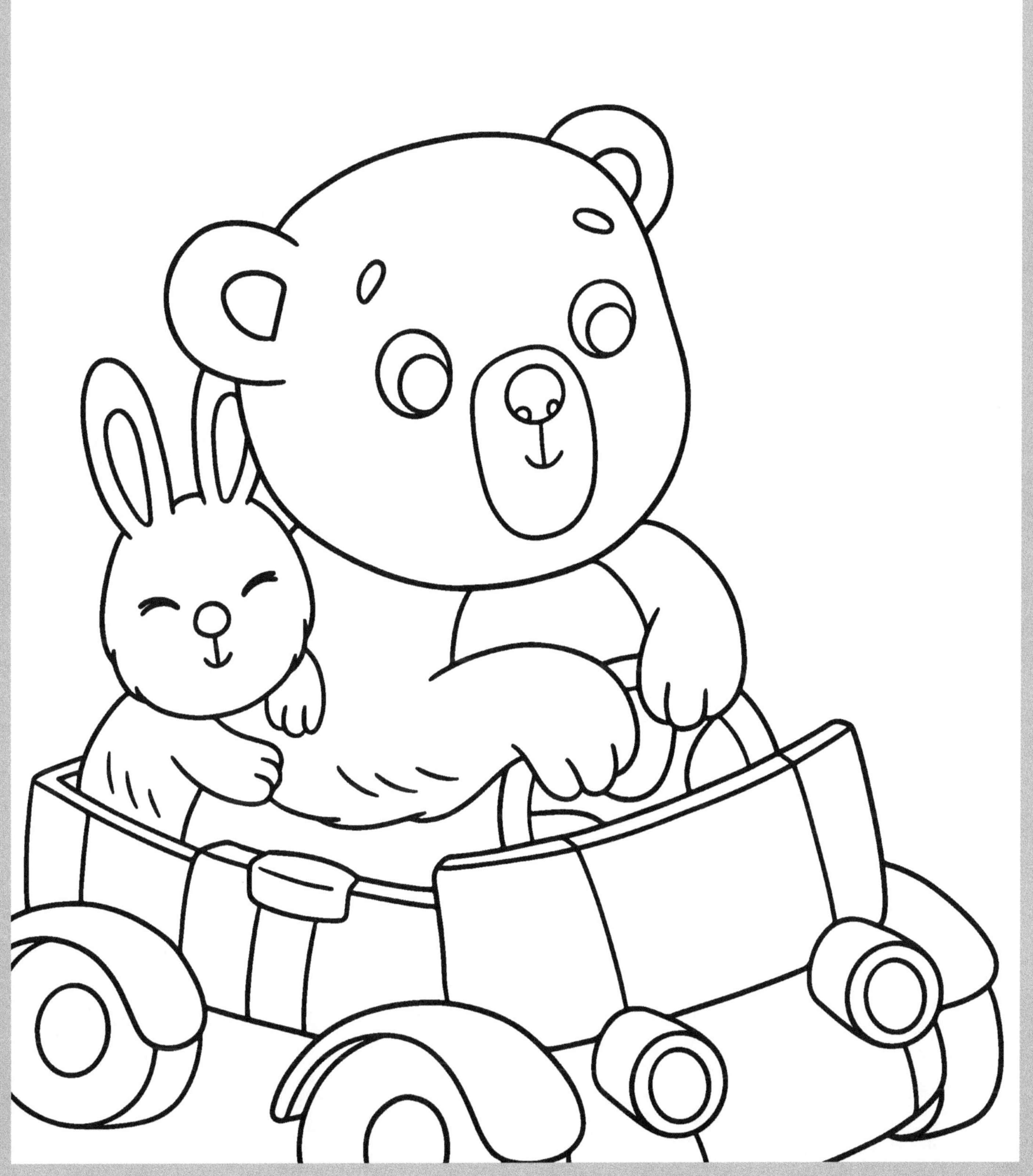

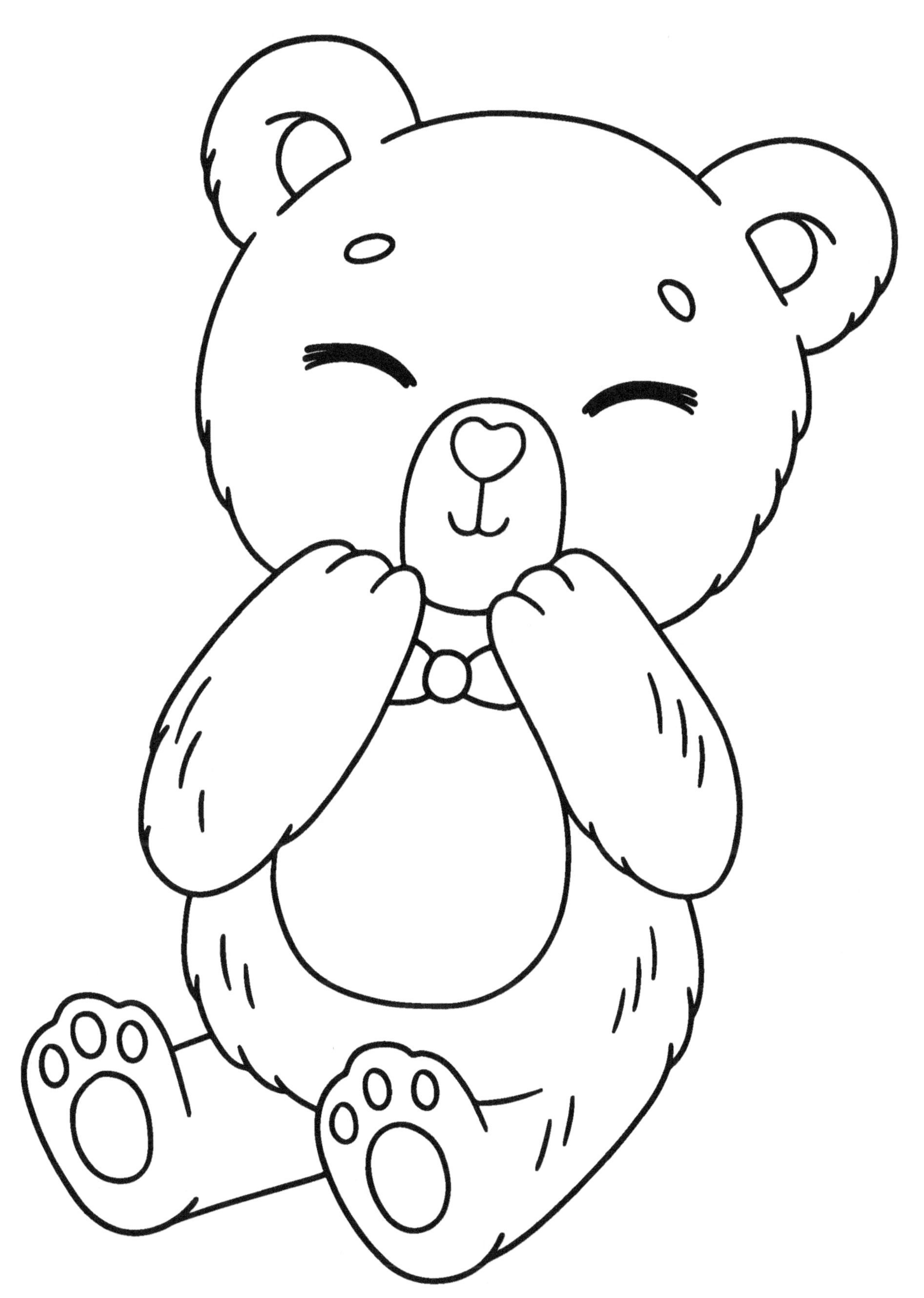

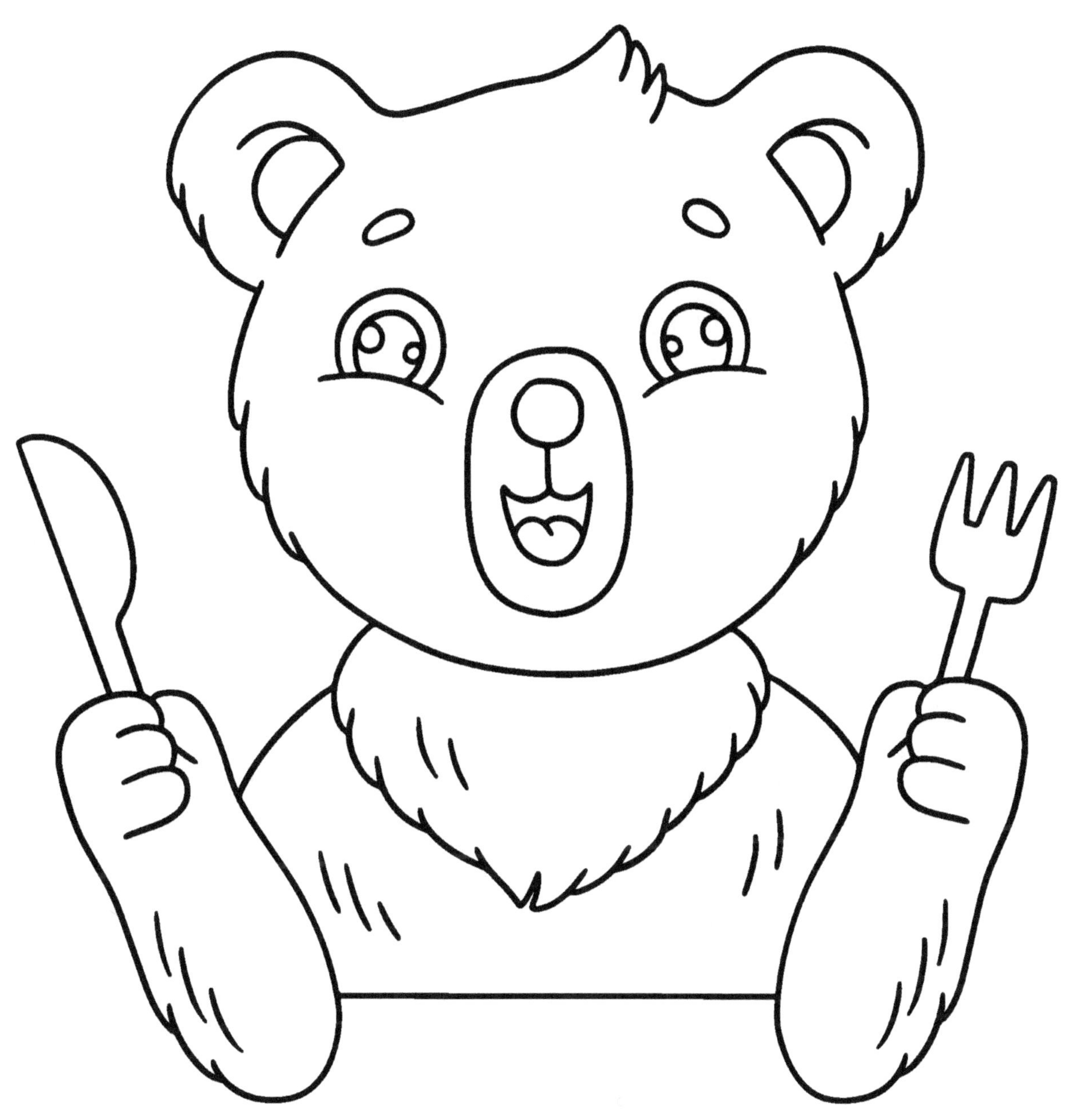

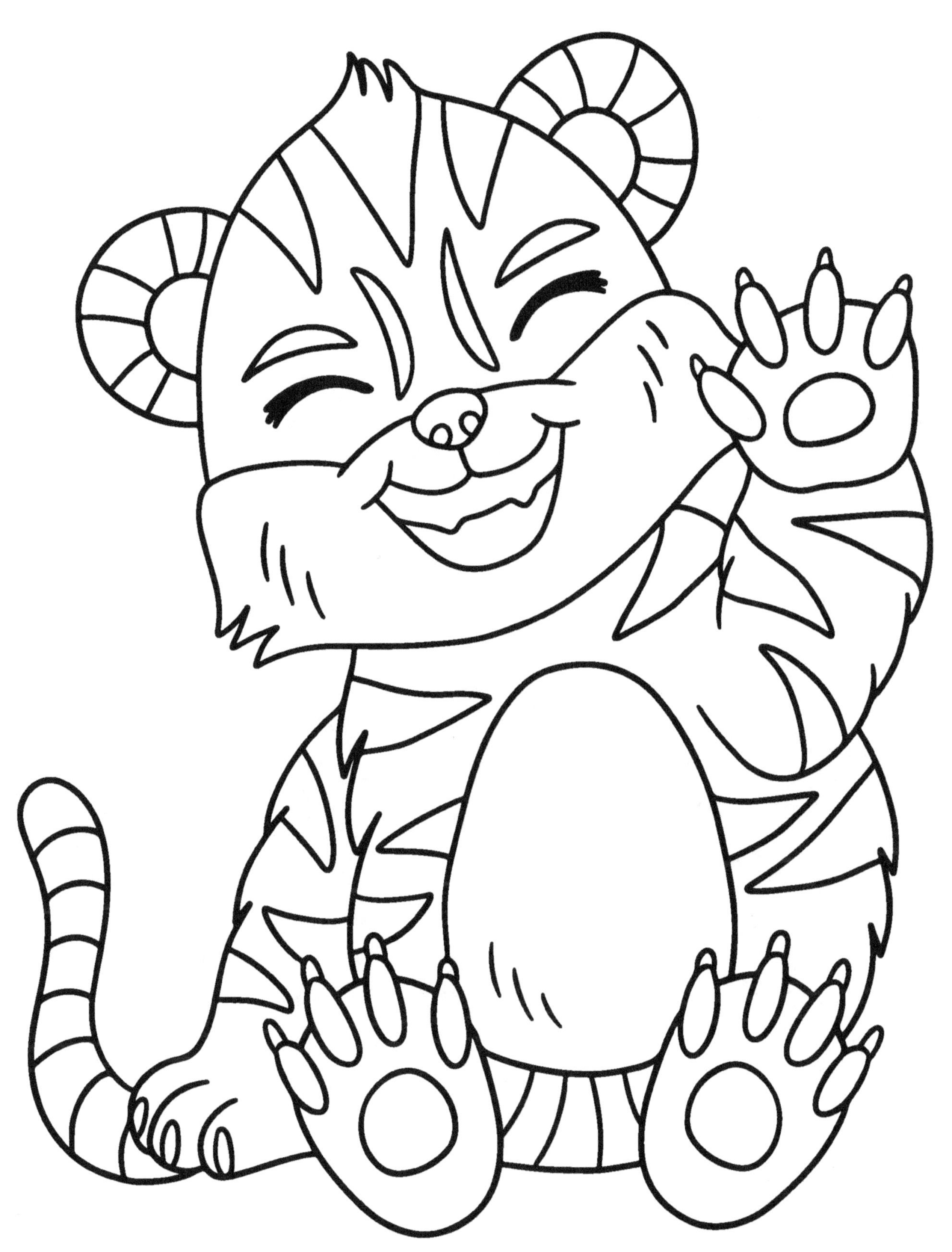

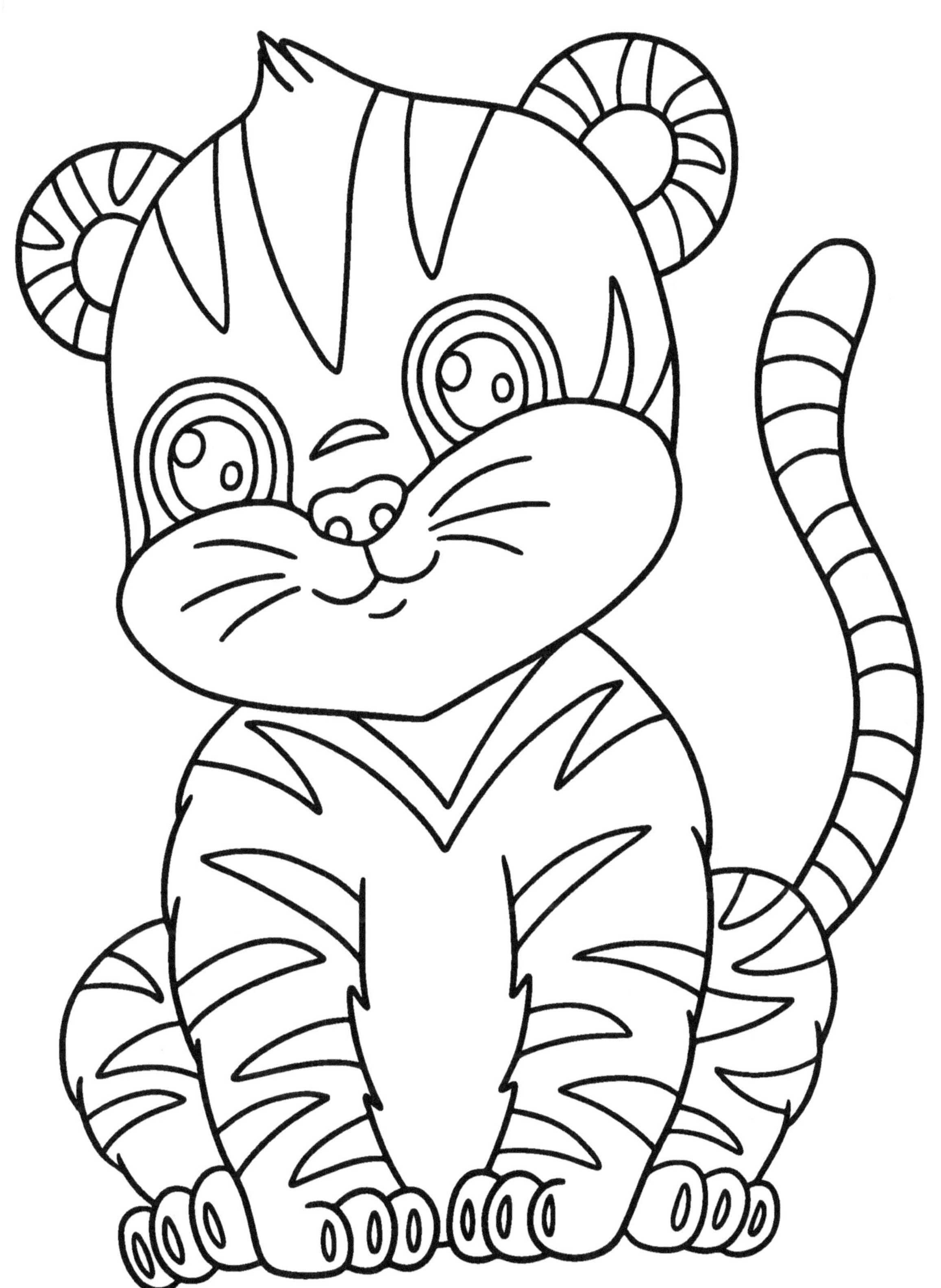

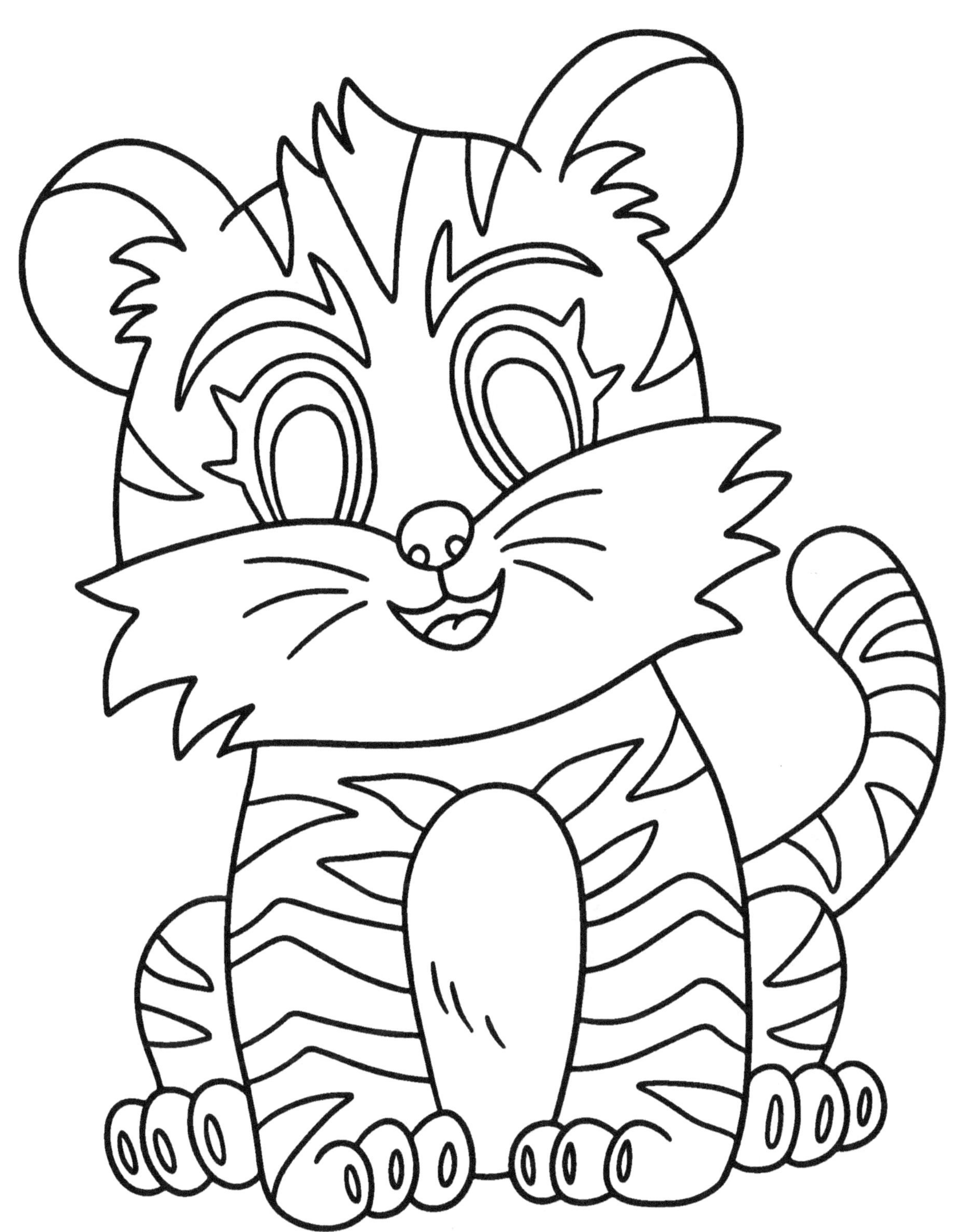

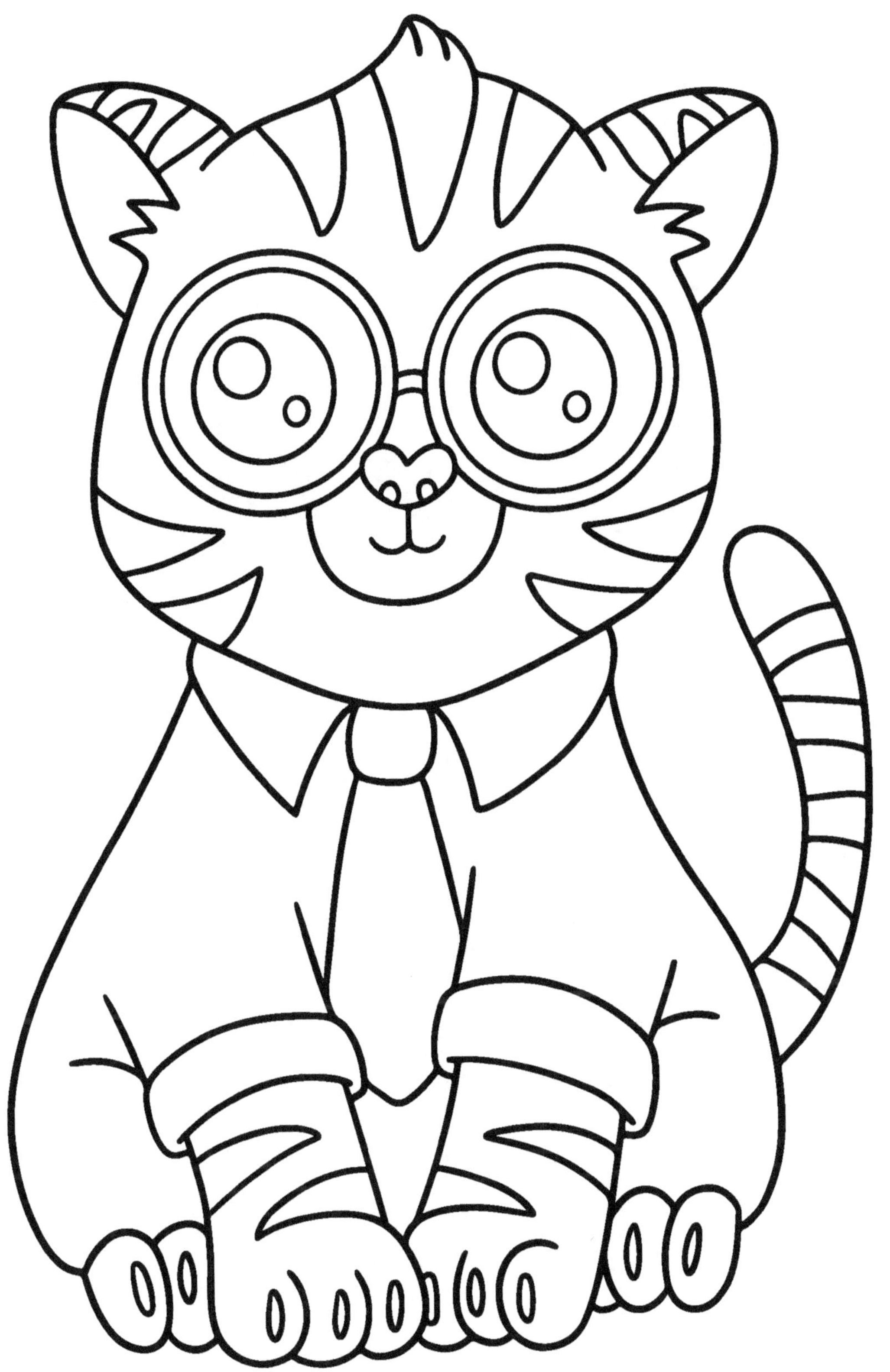

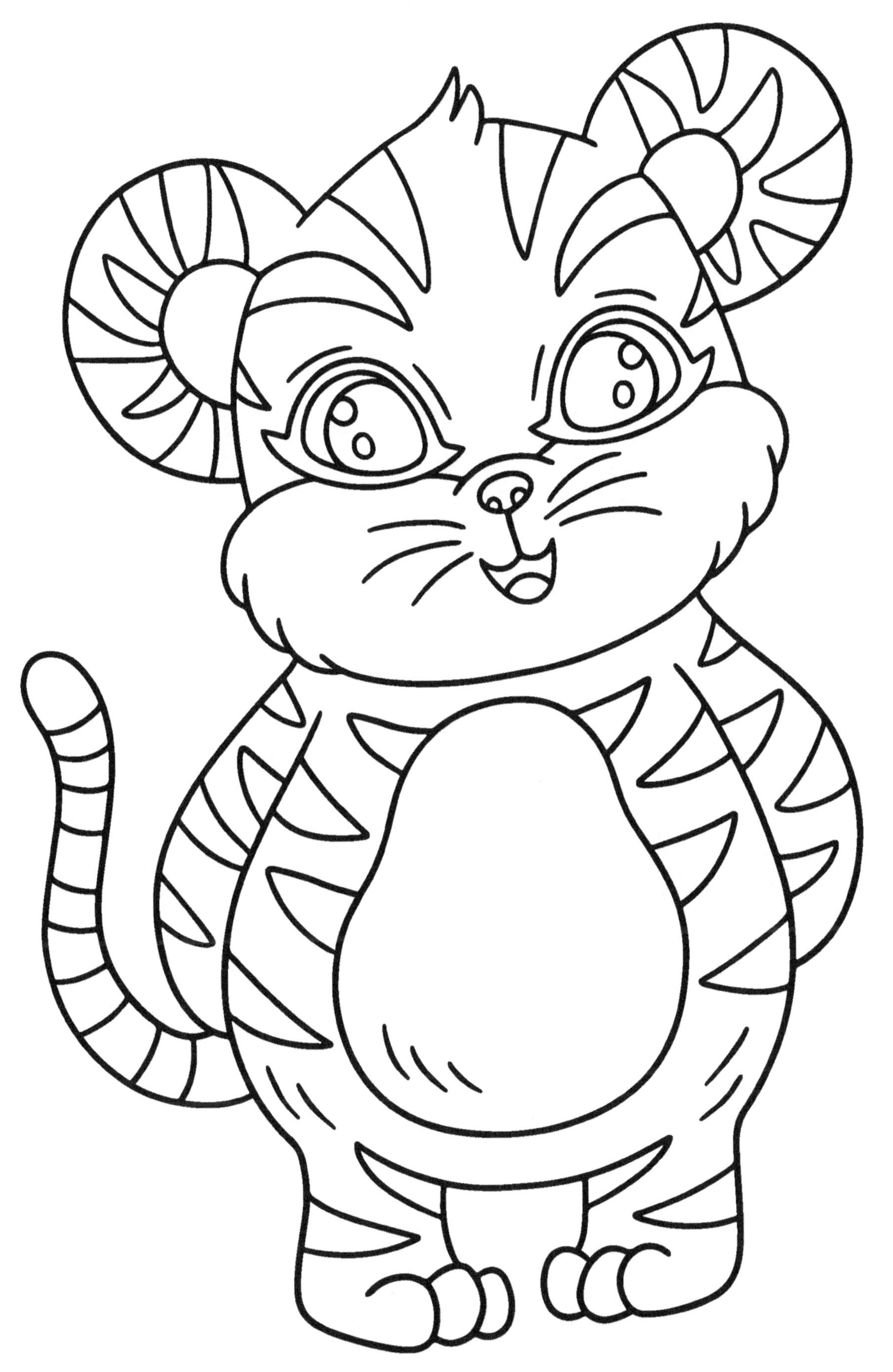

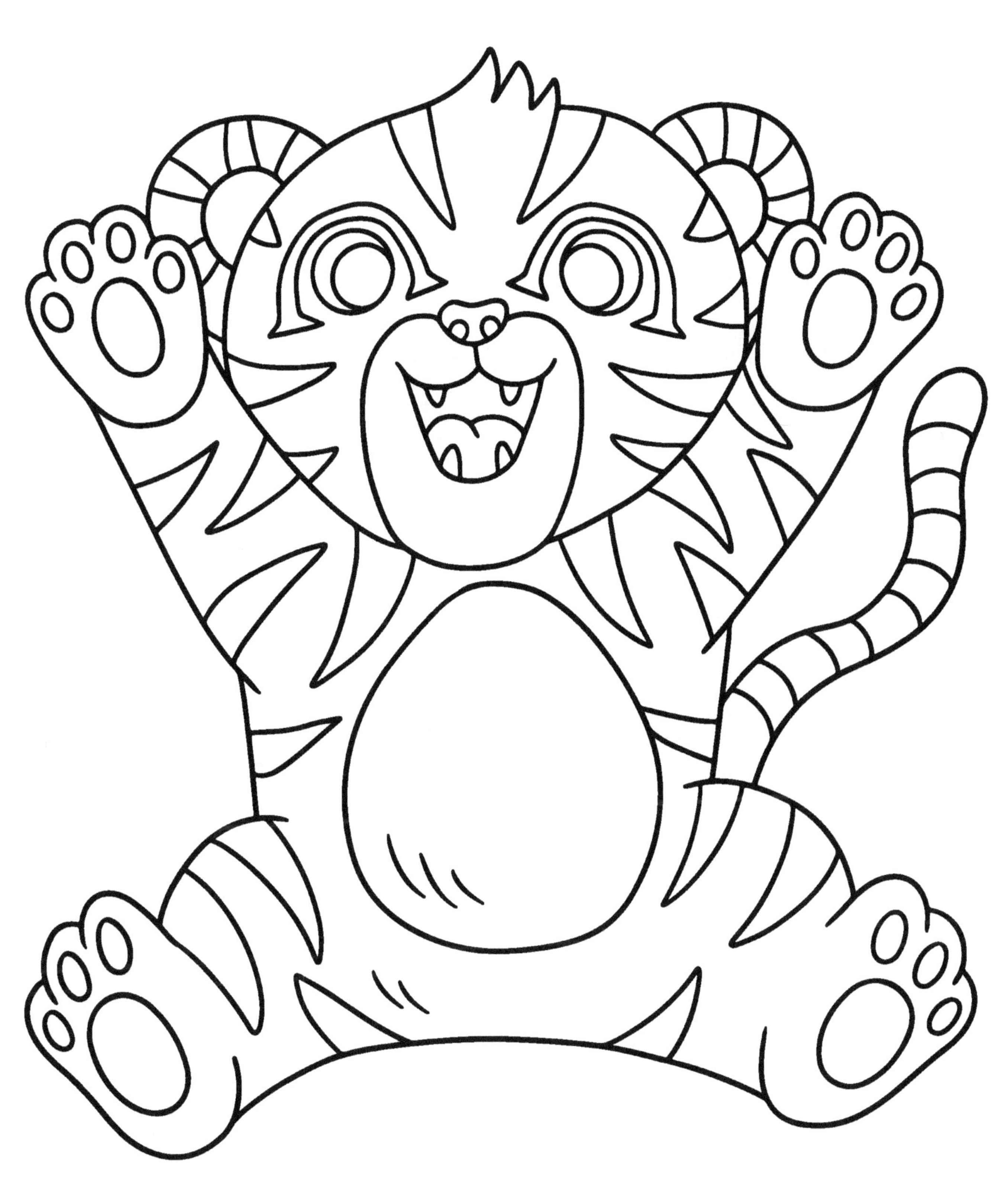

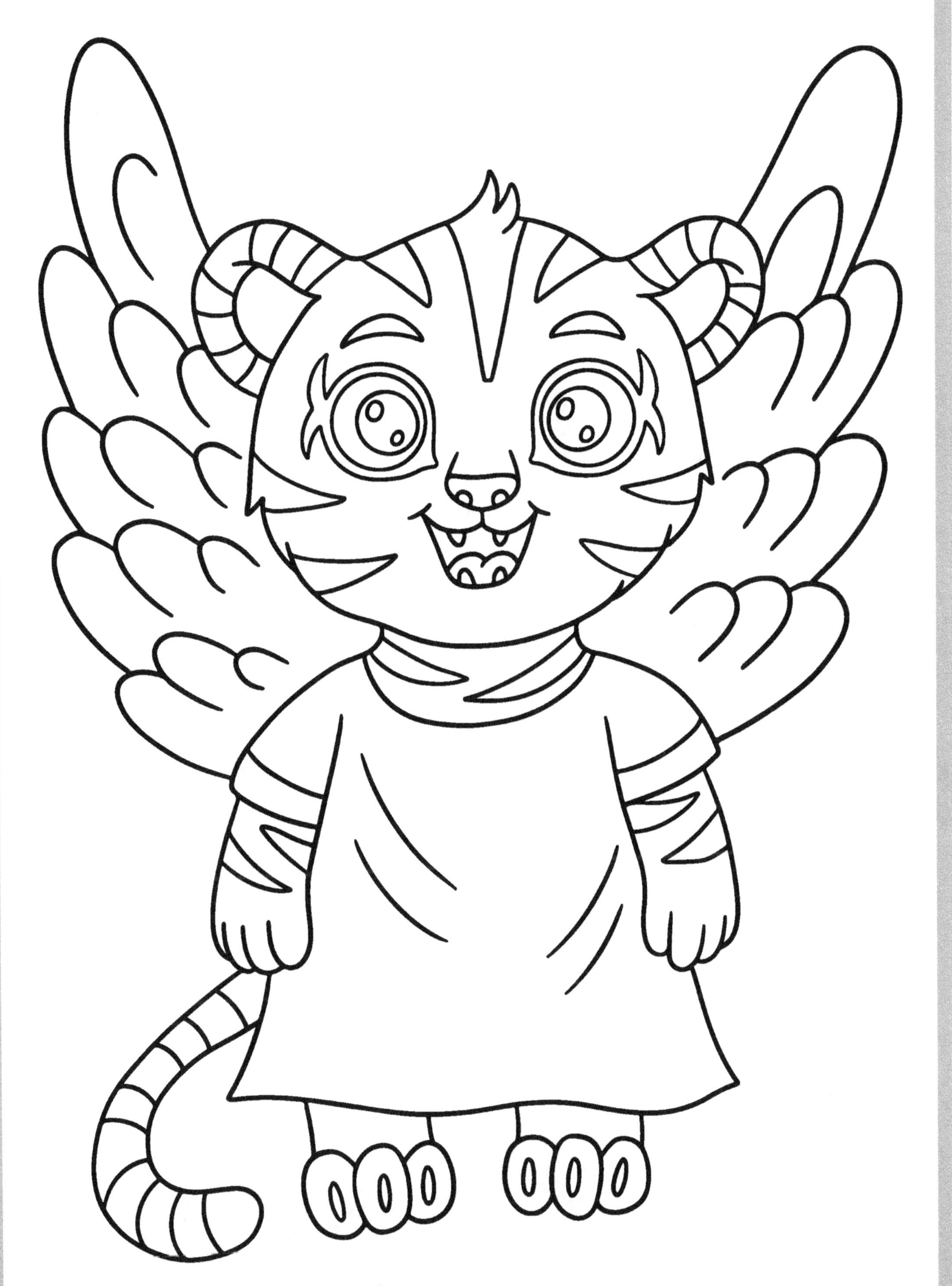

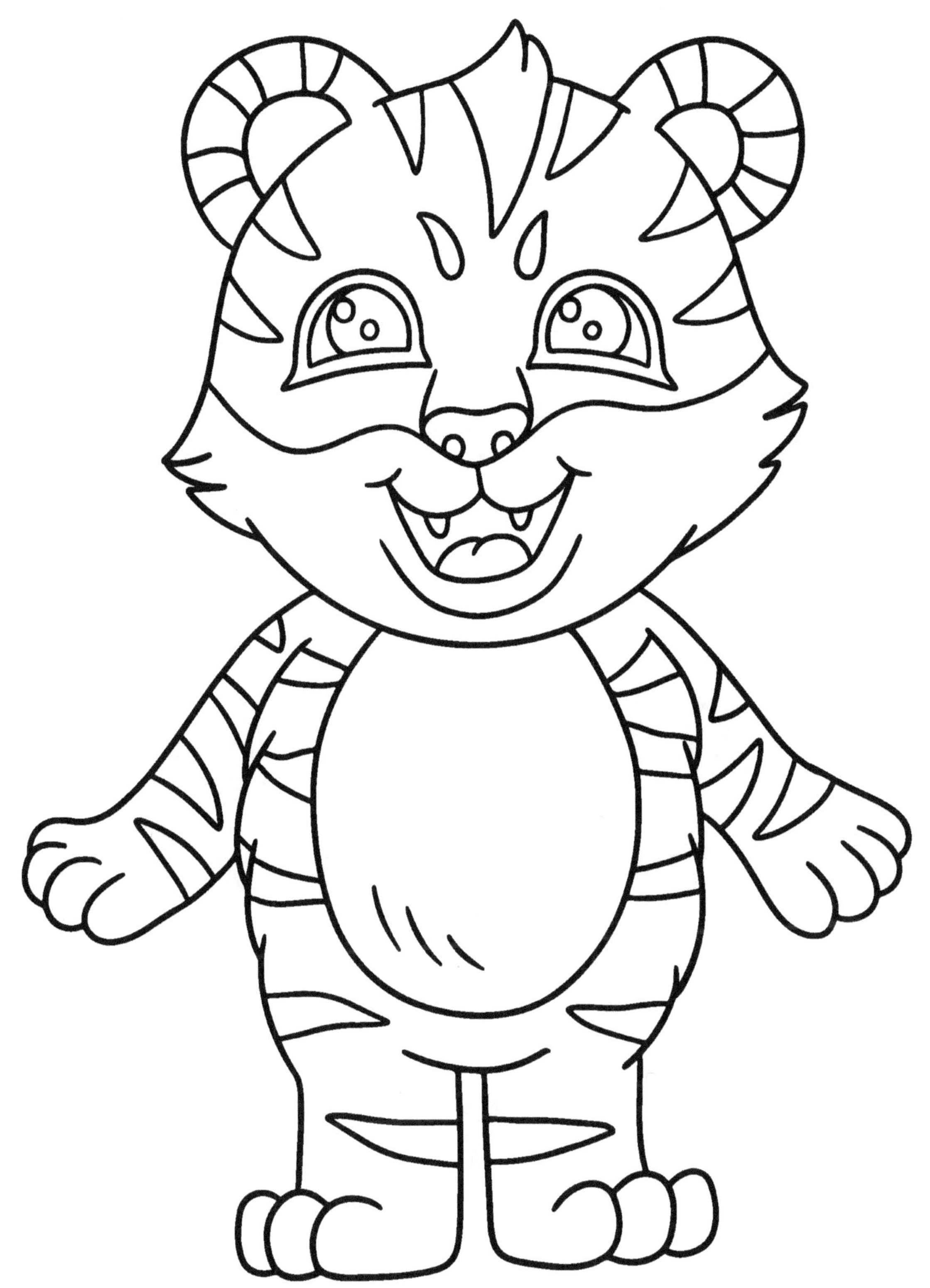

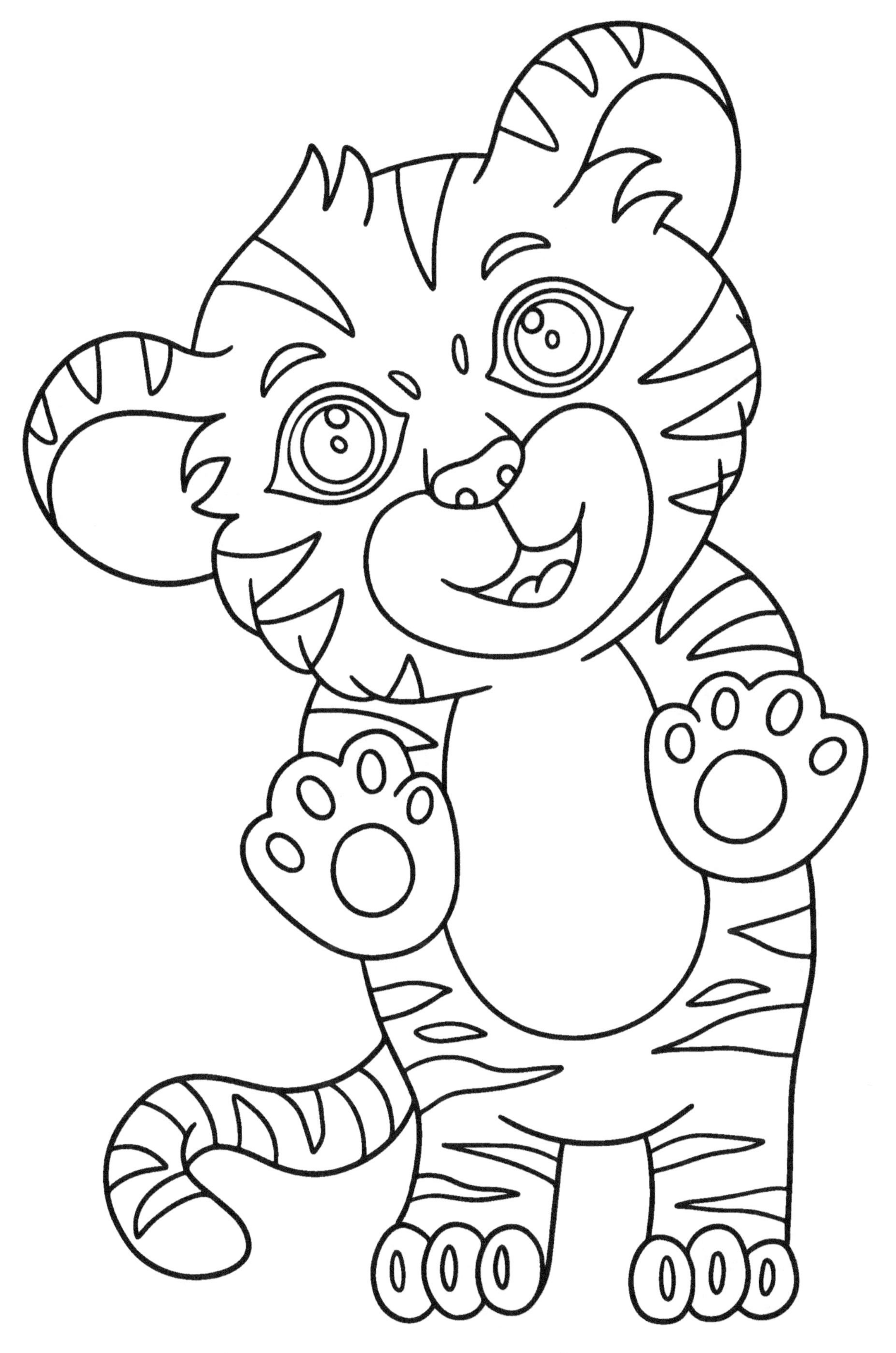

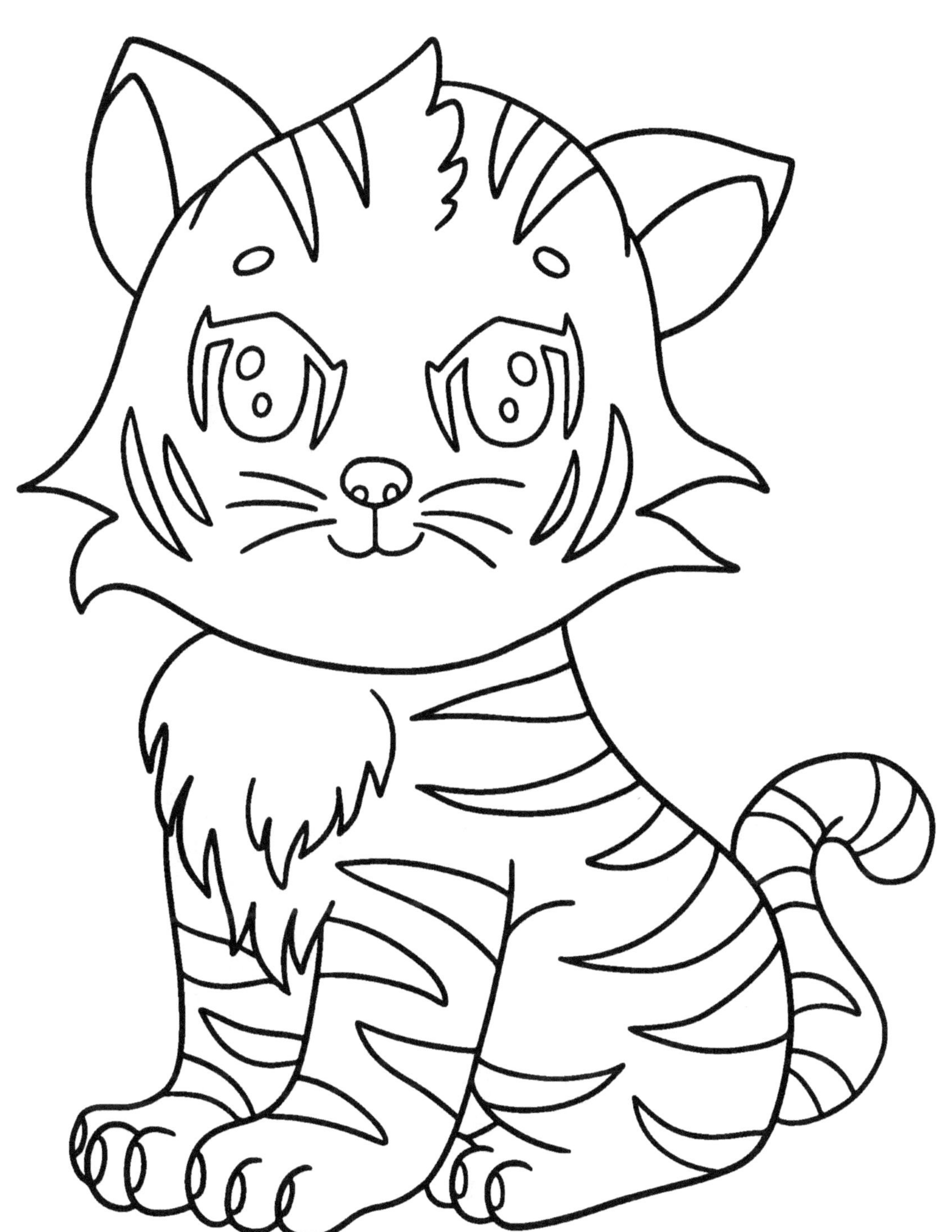

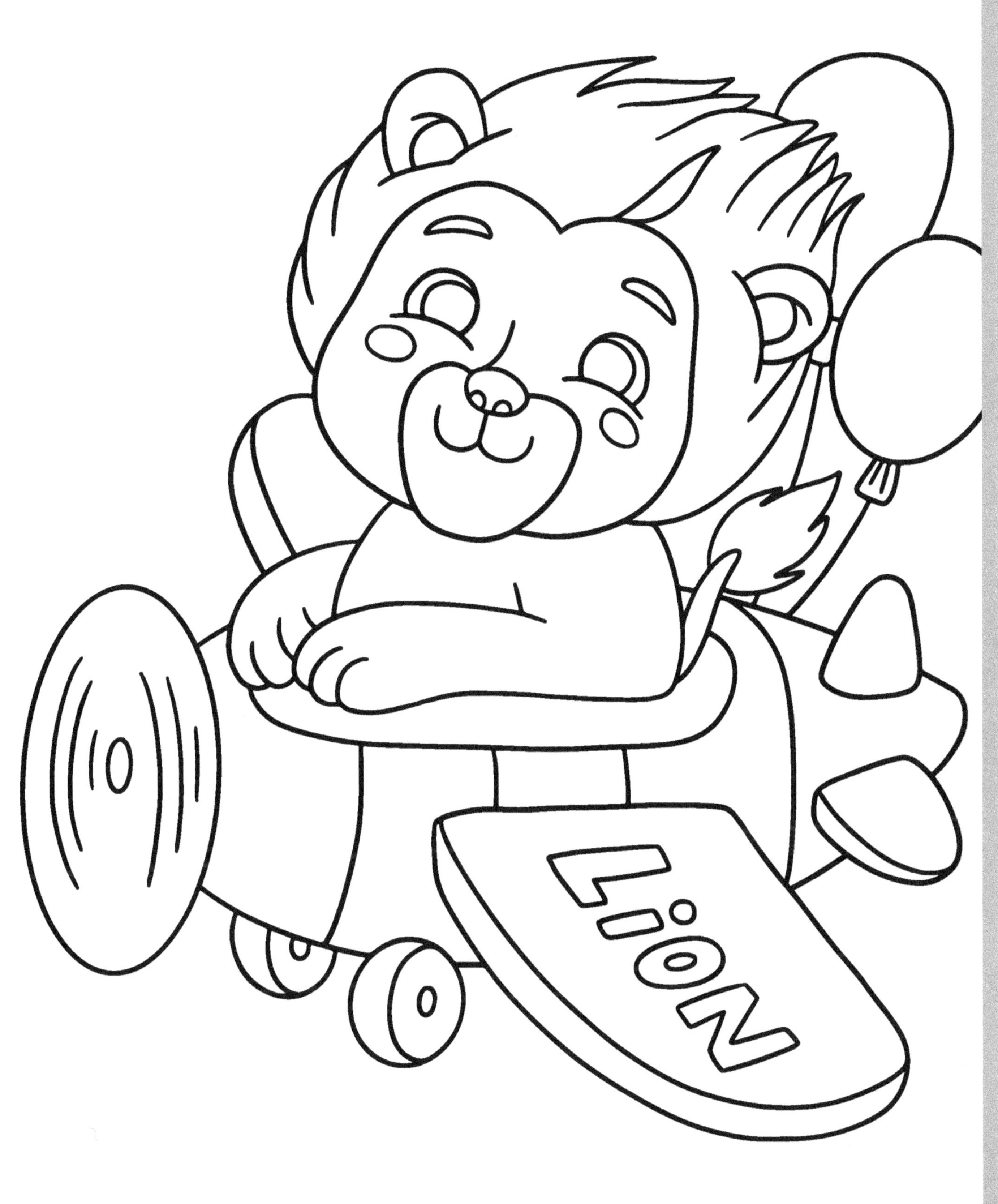
Lion

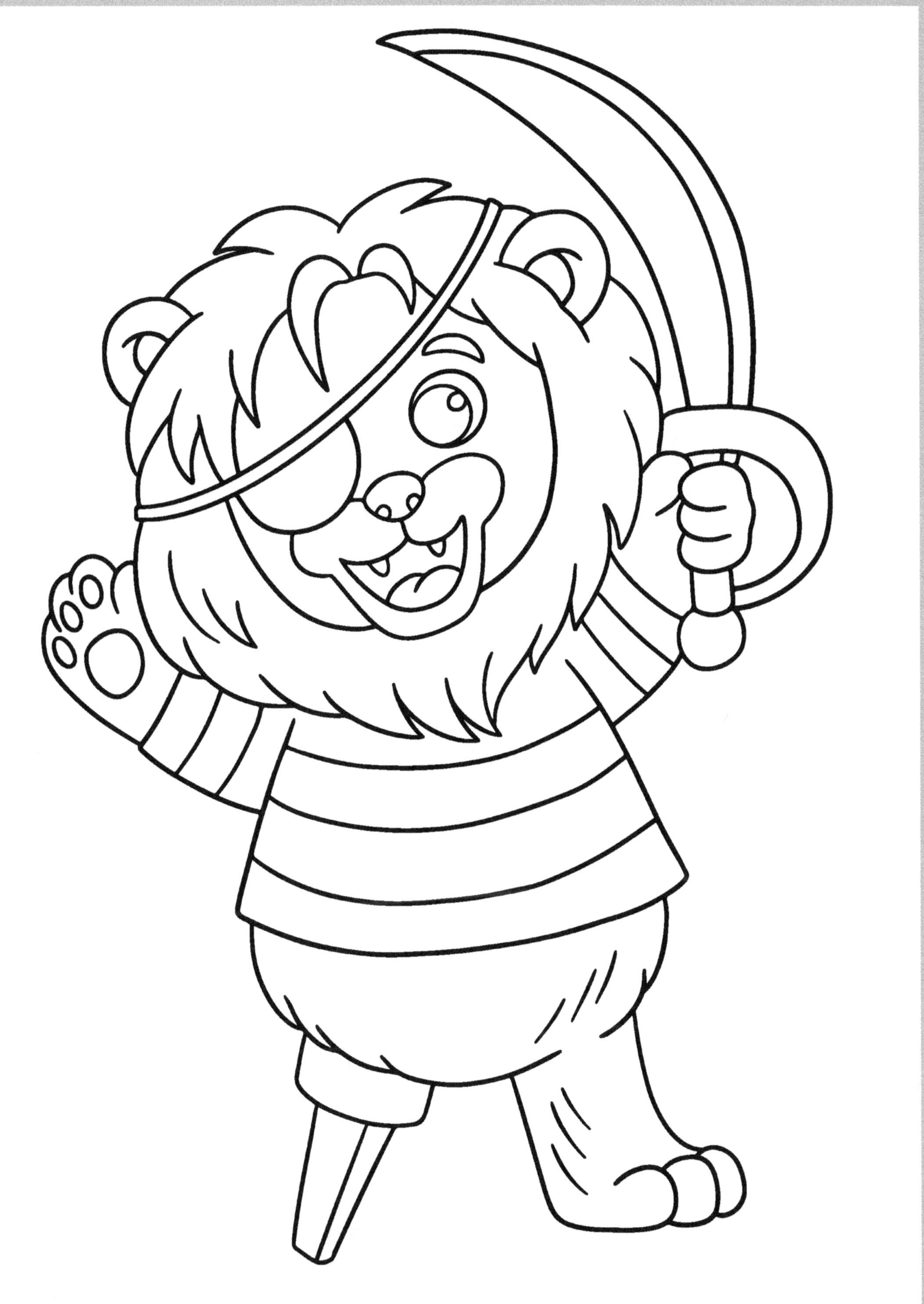

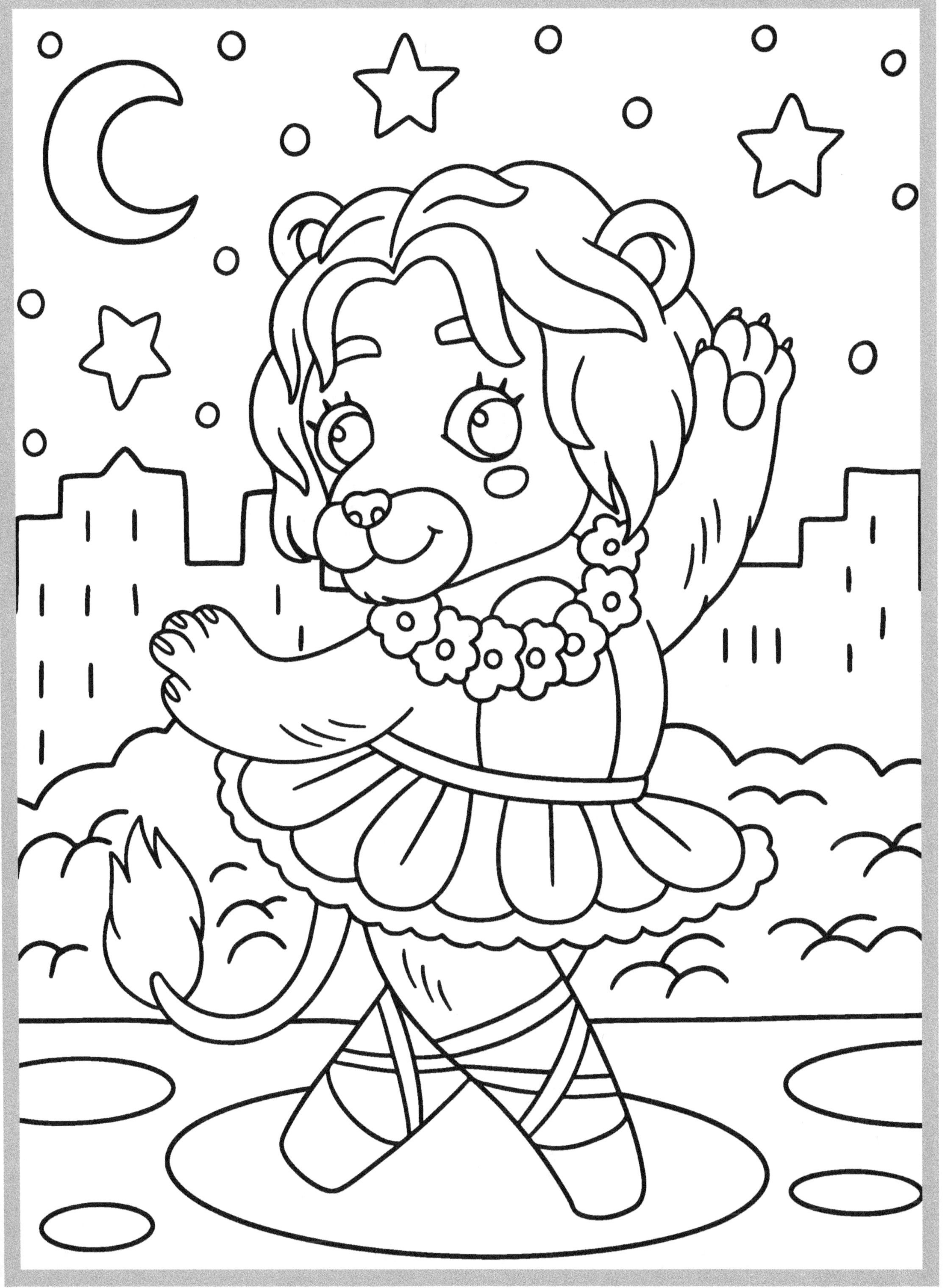

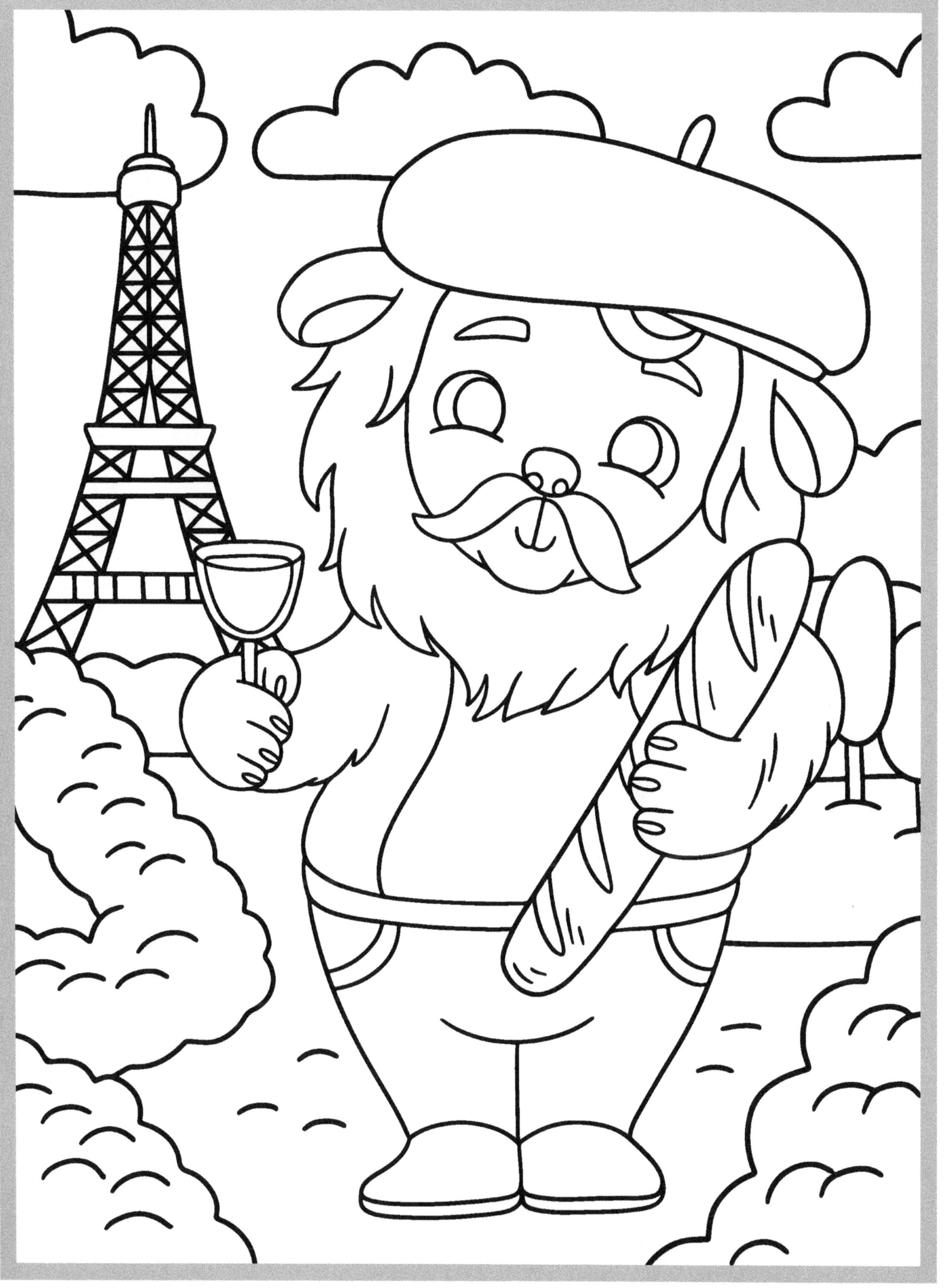

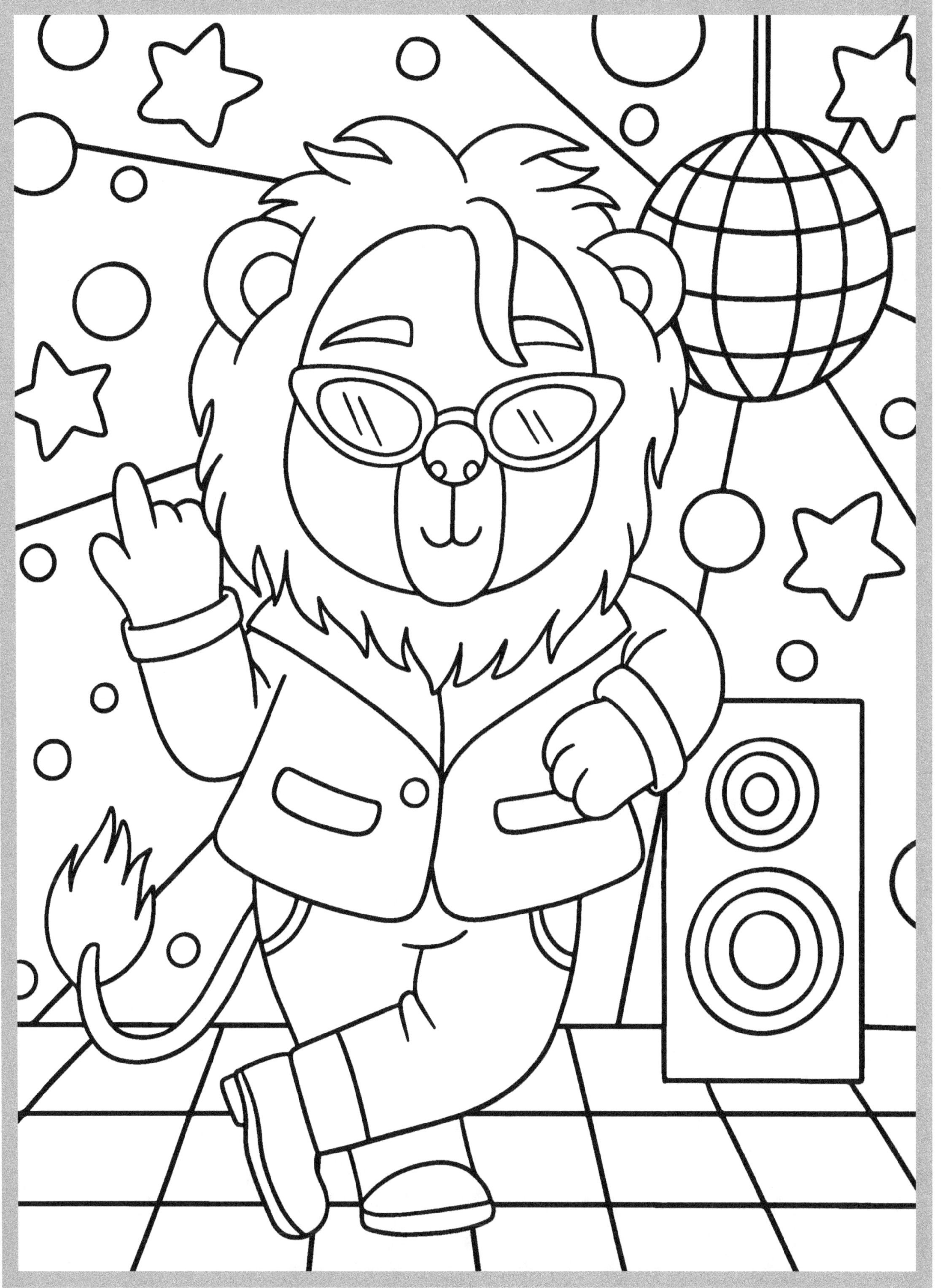

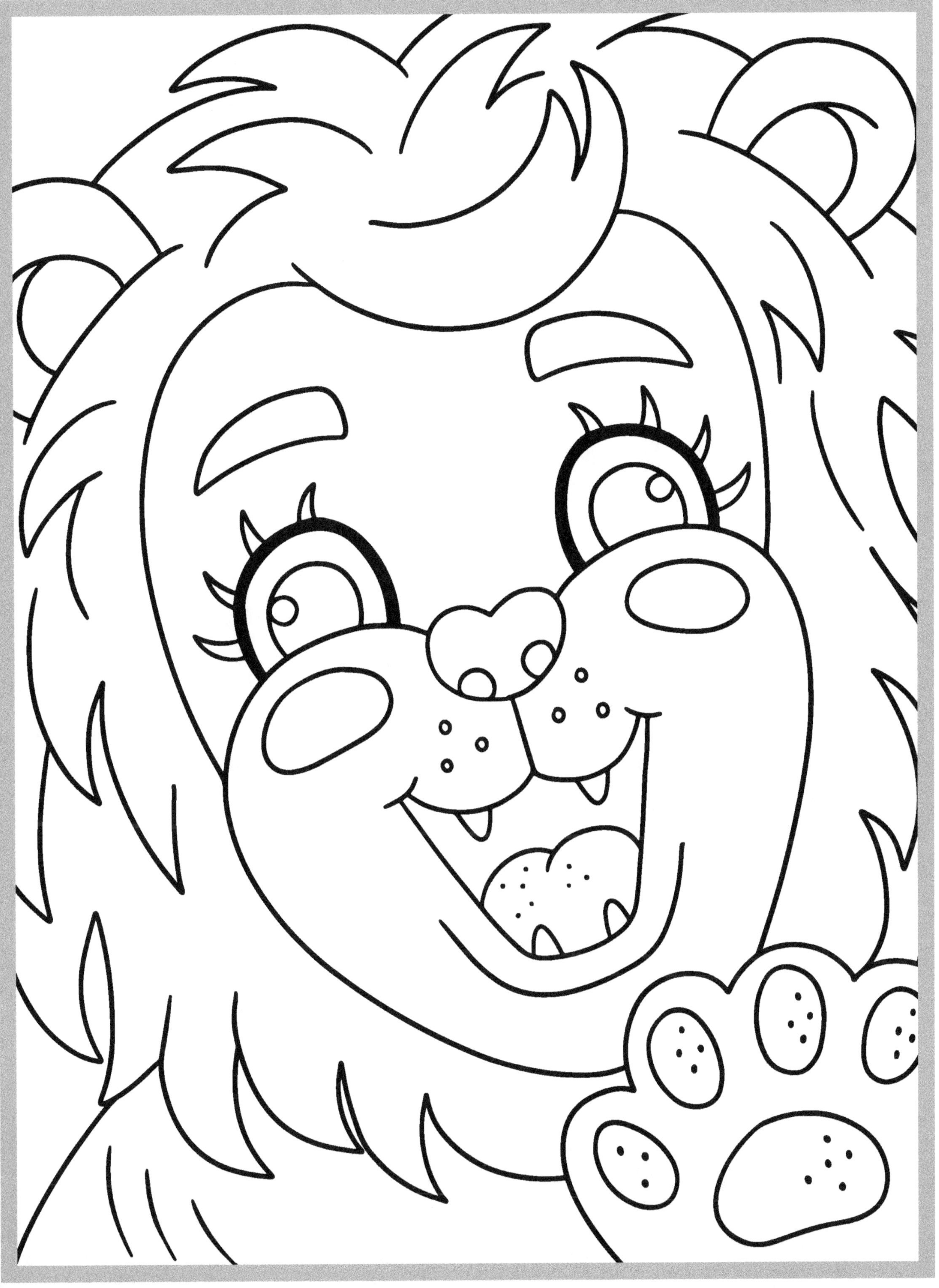

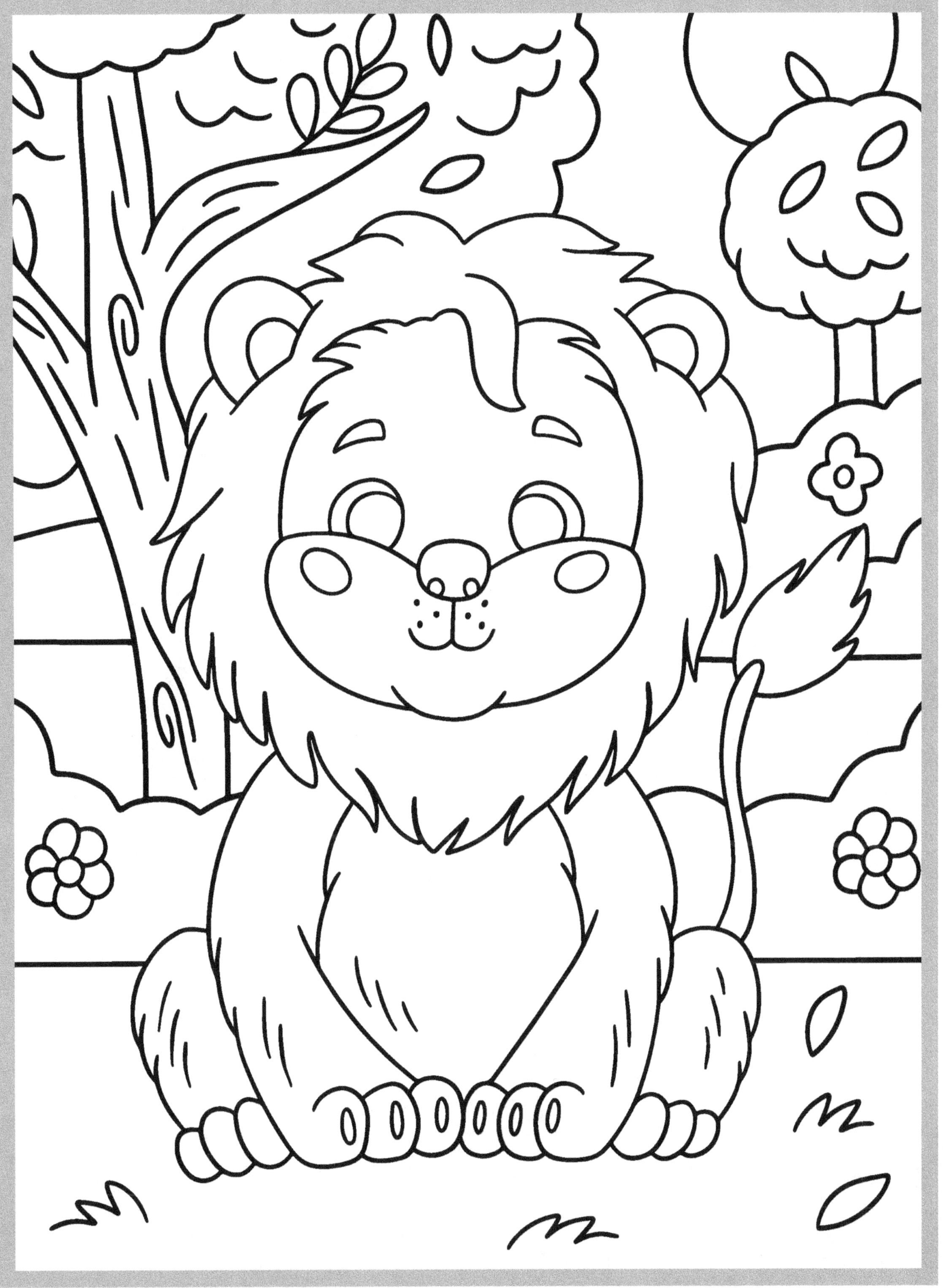

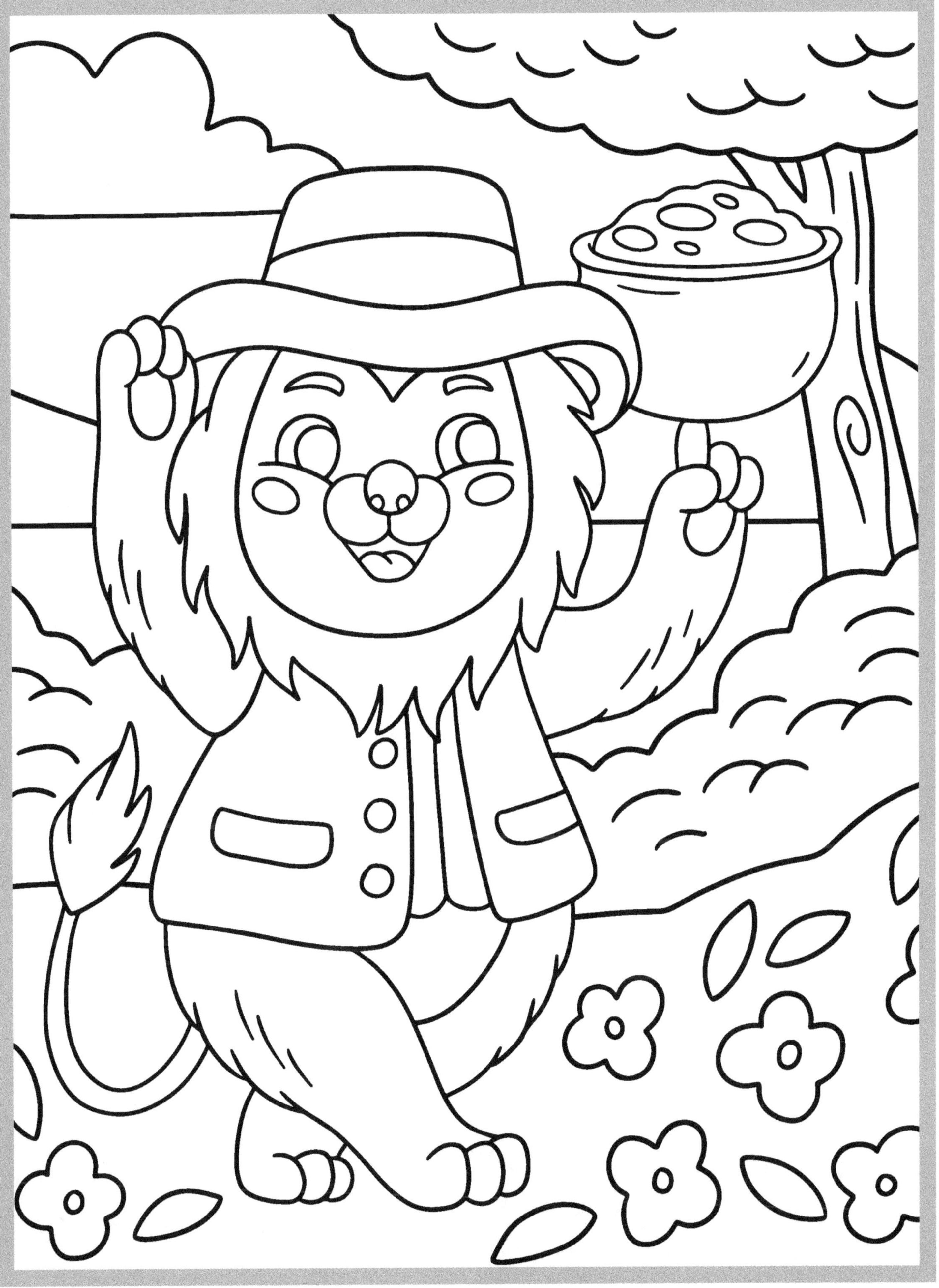

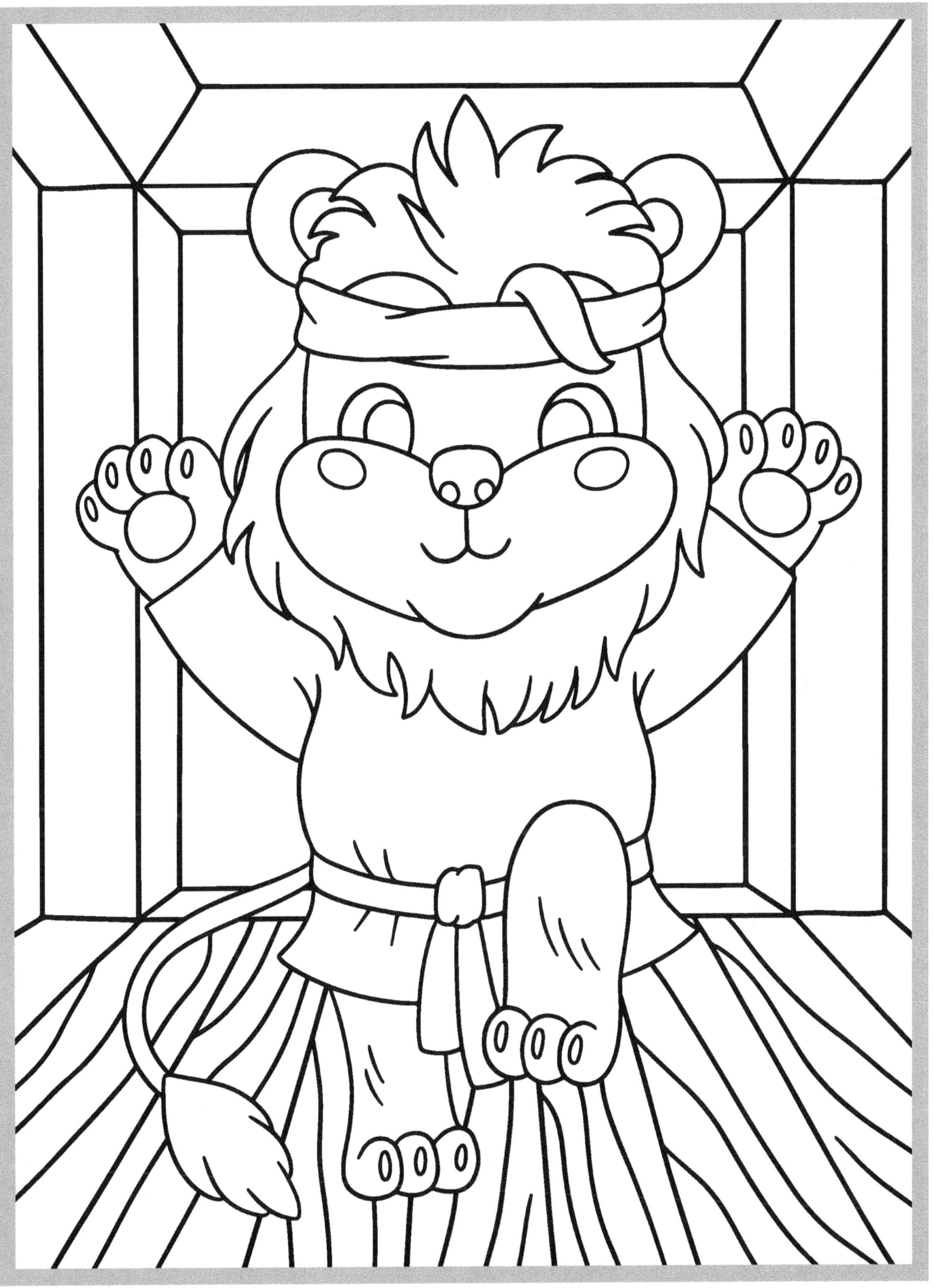

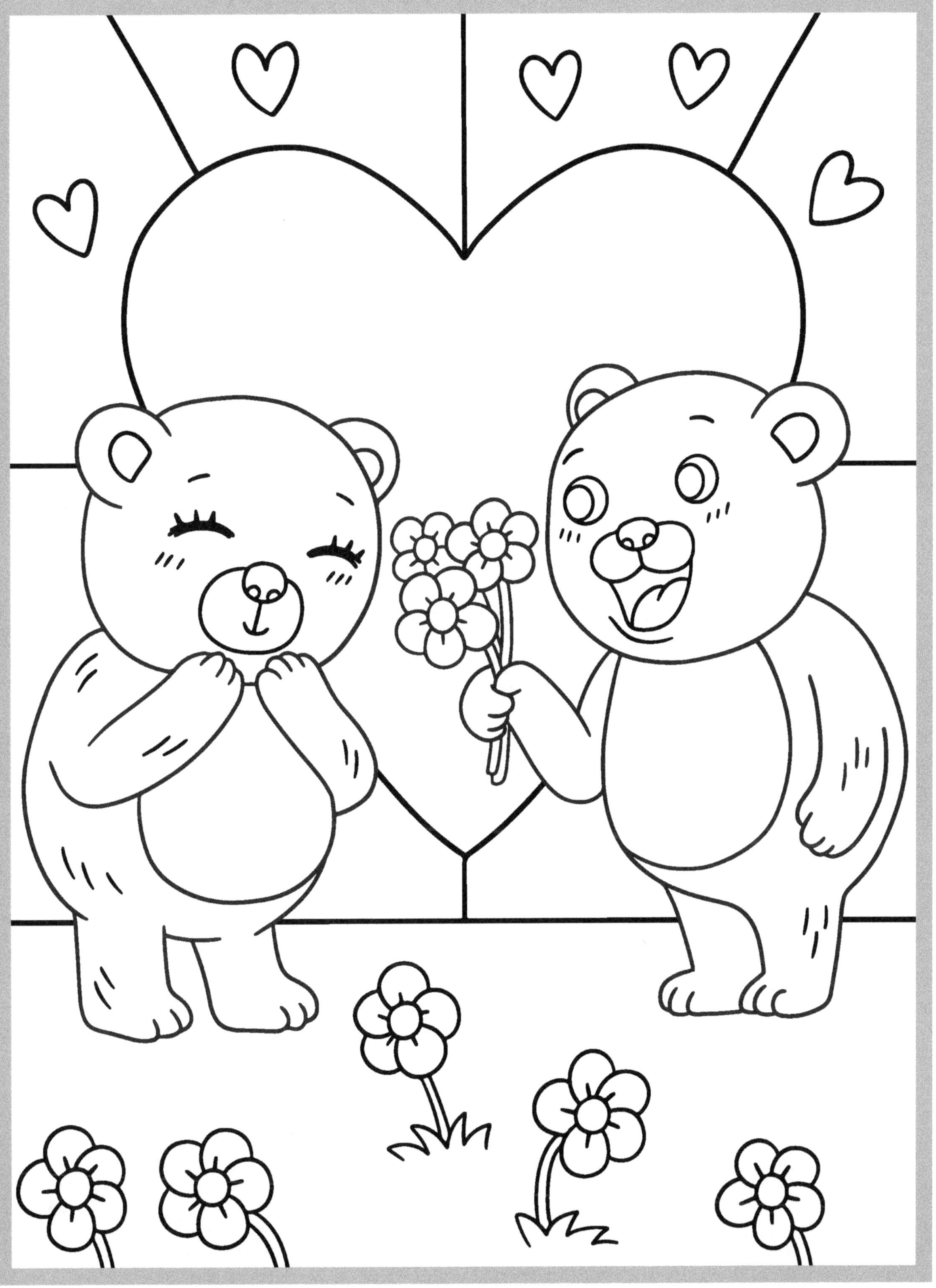

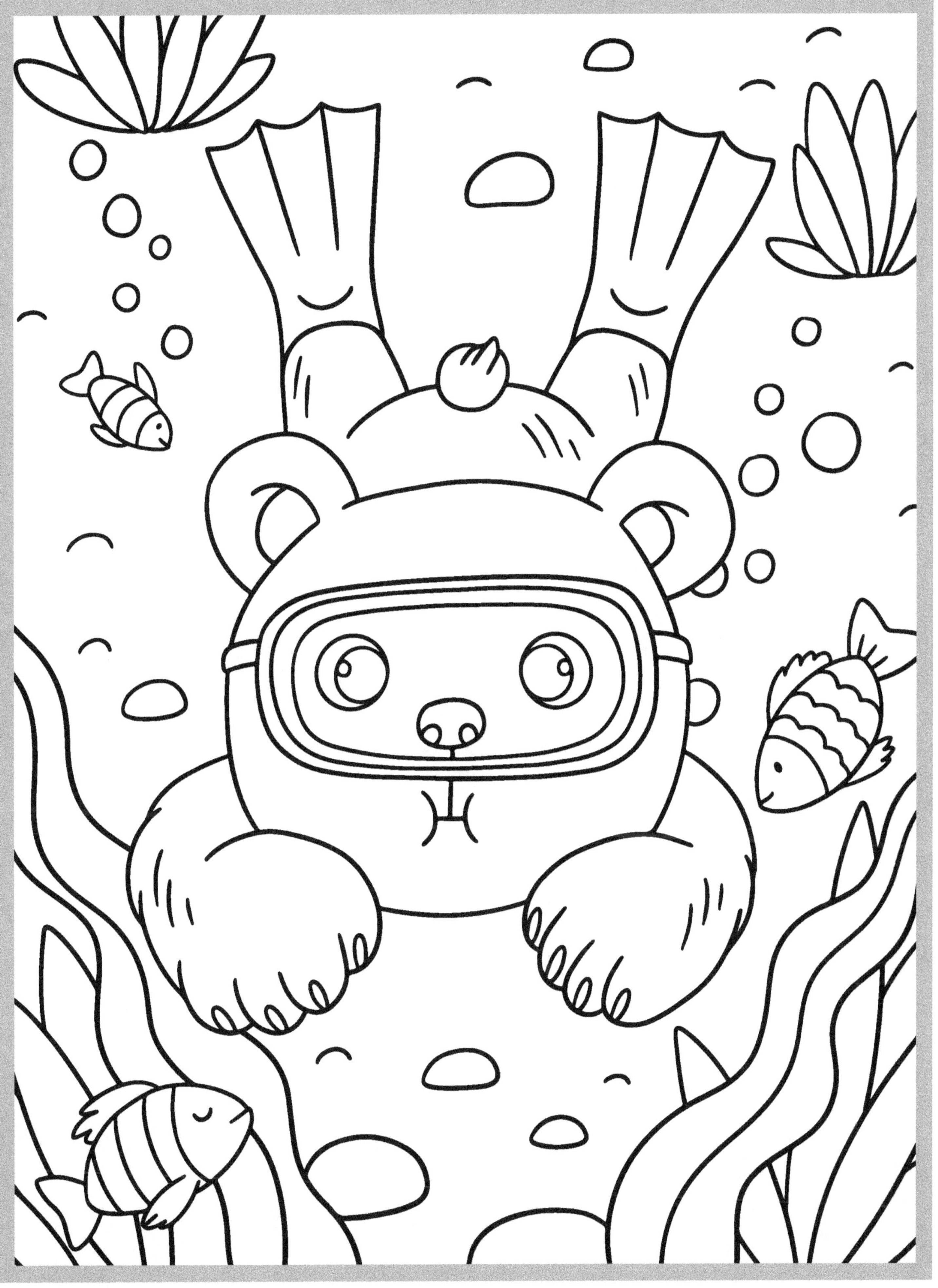

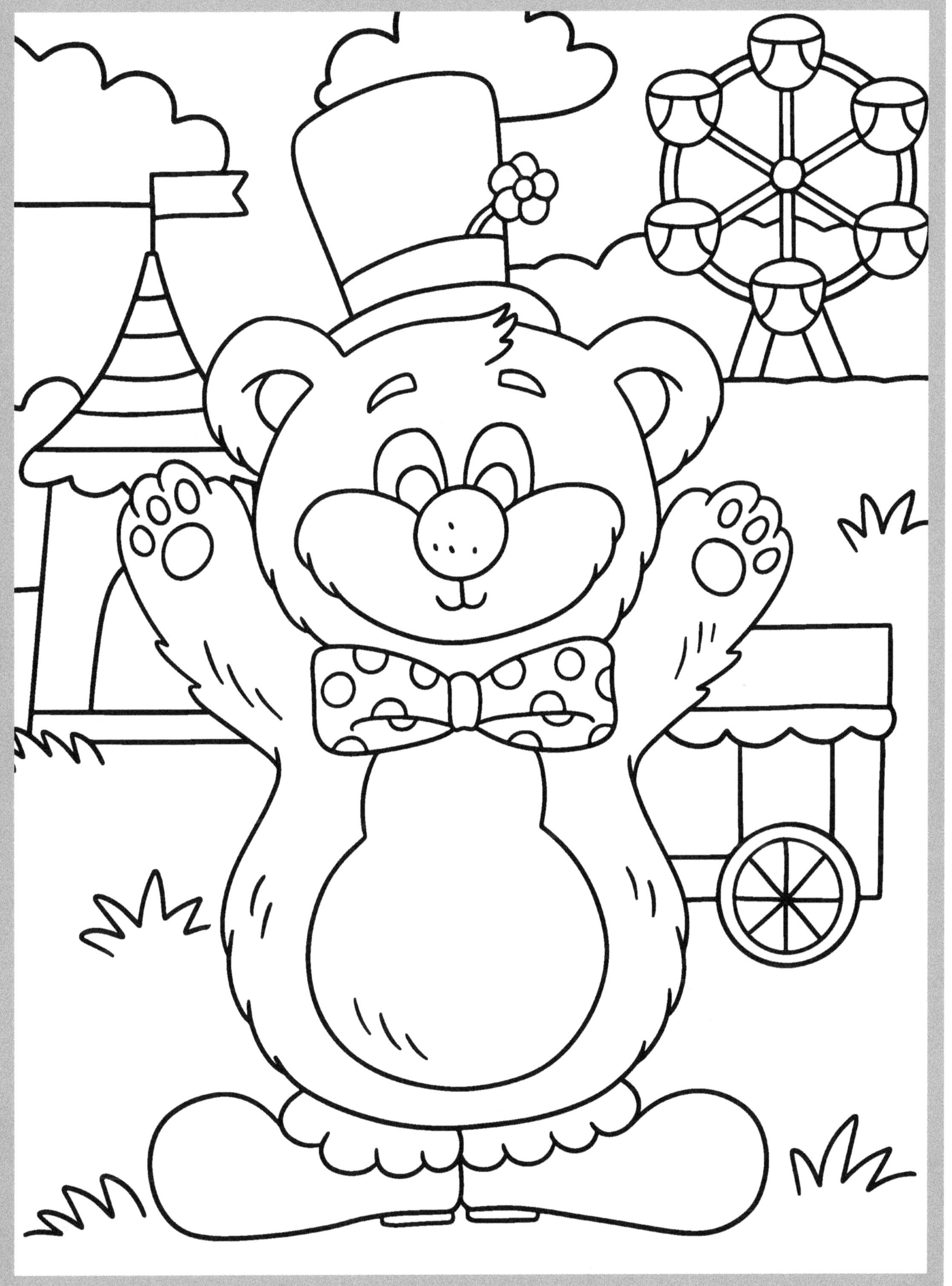

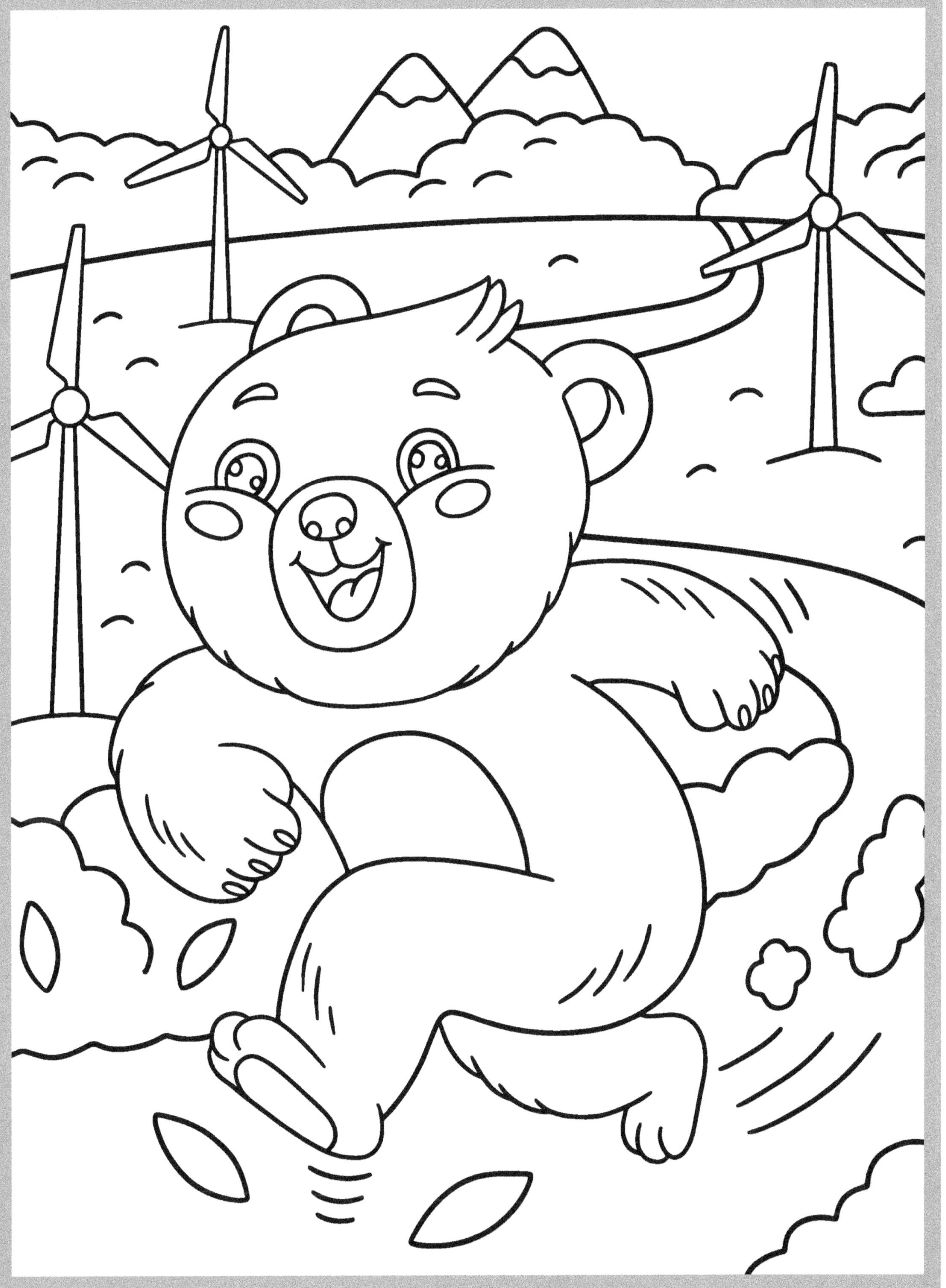

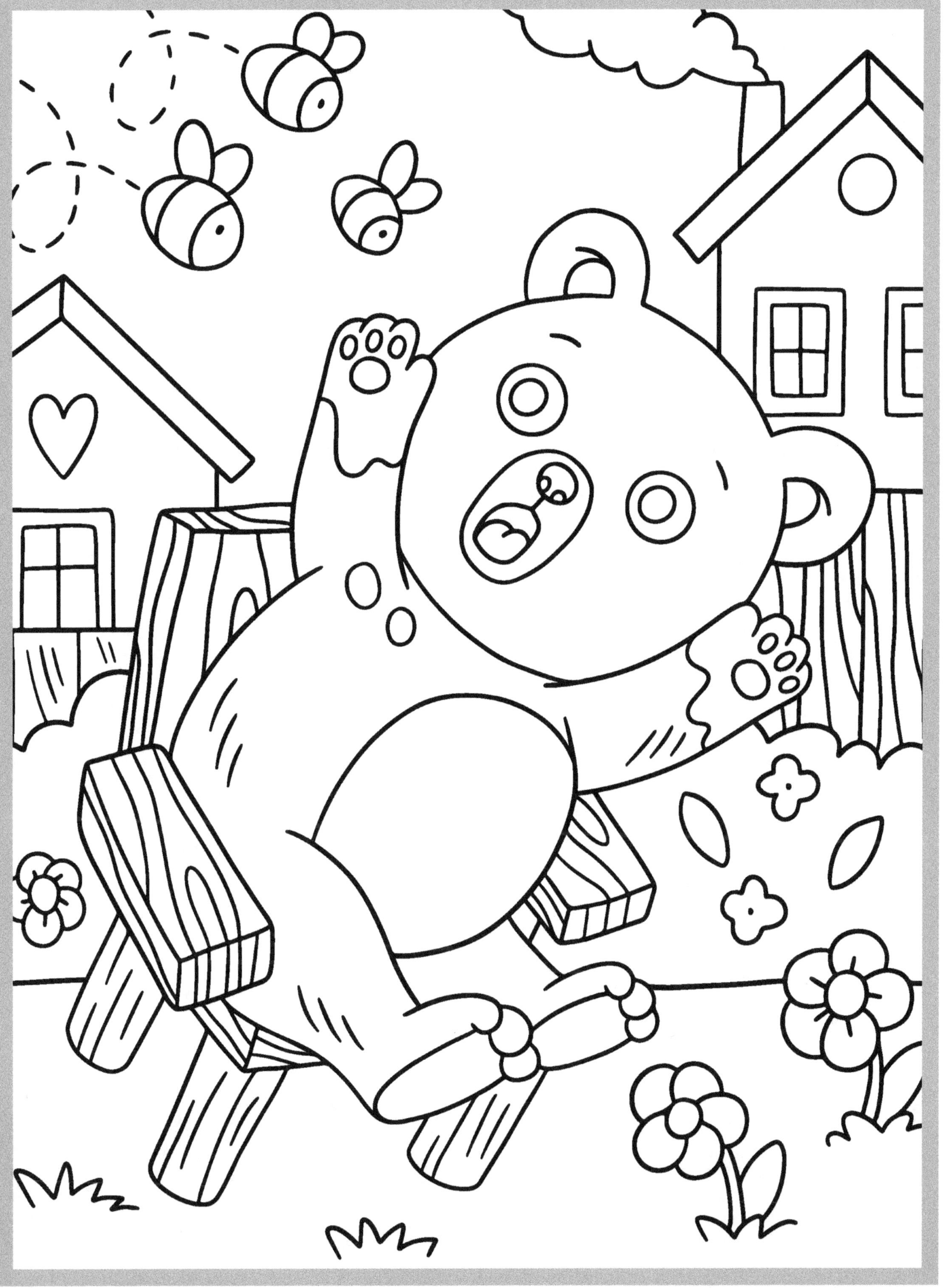

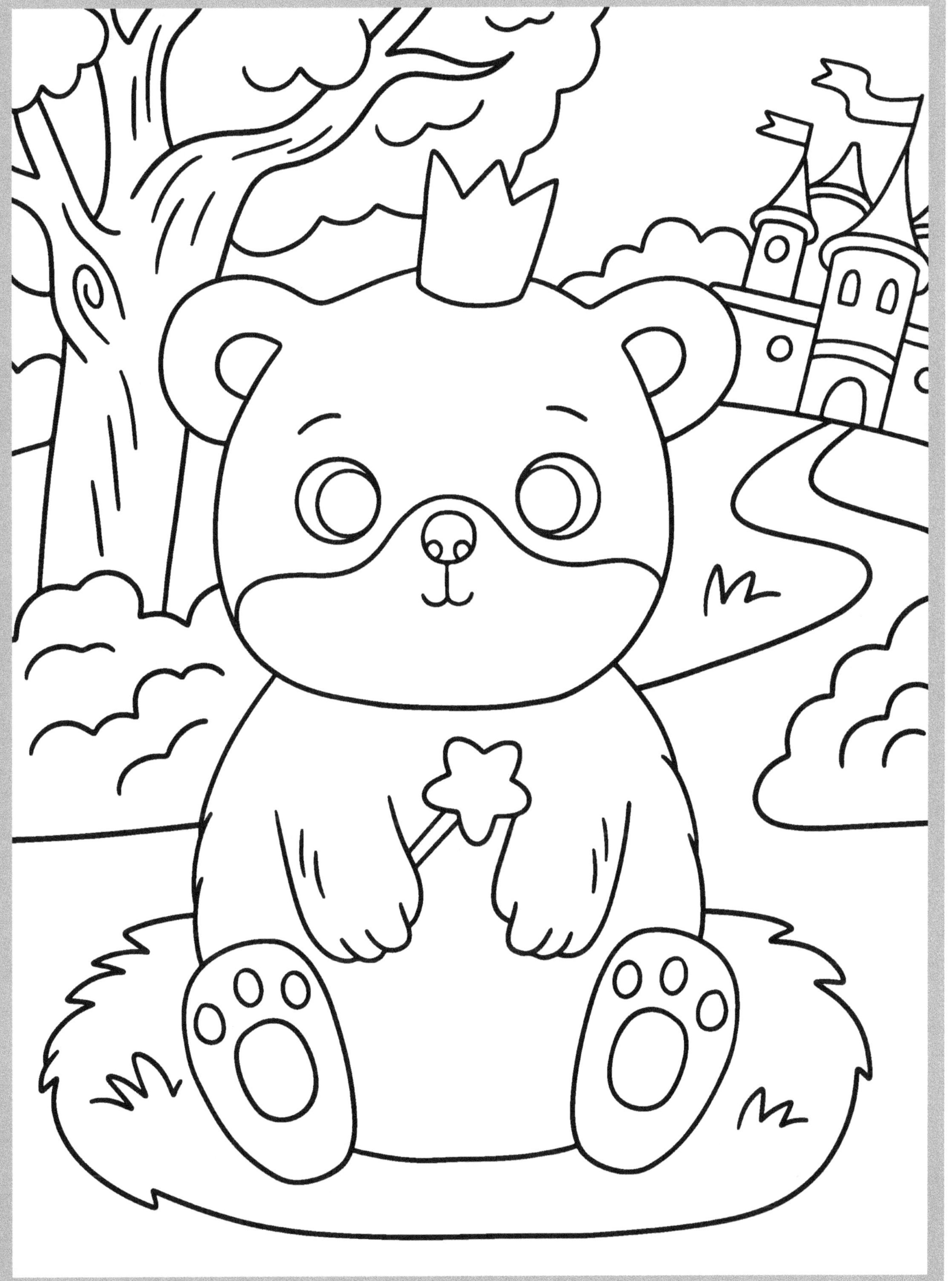

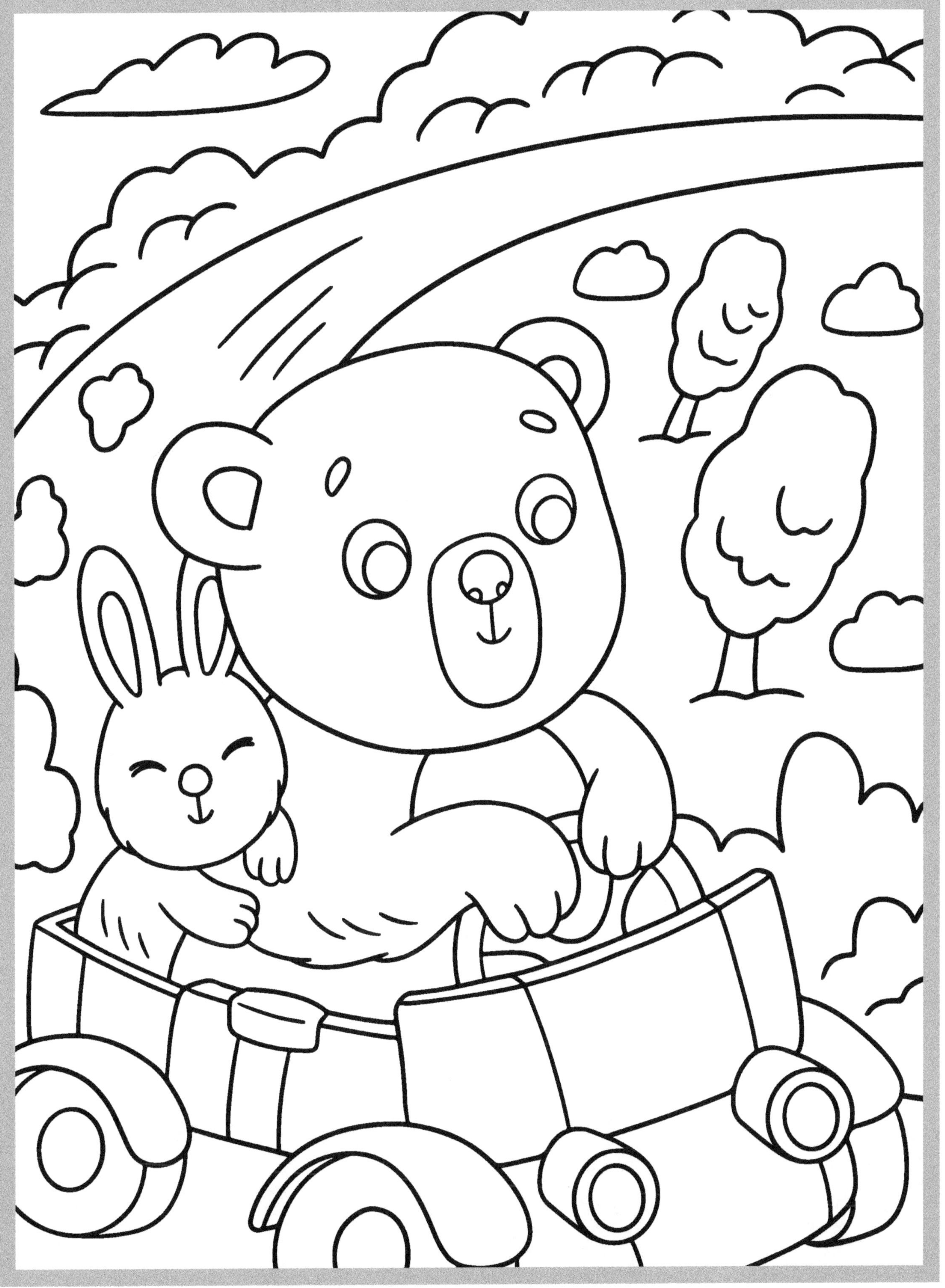

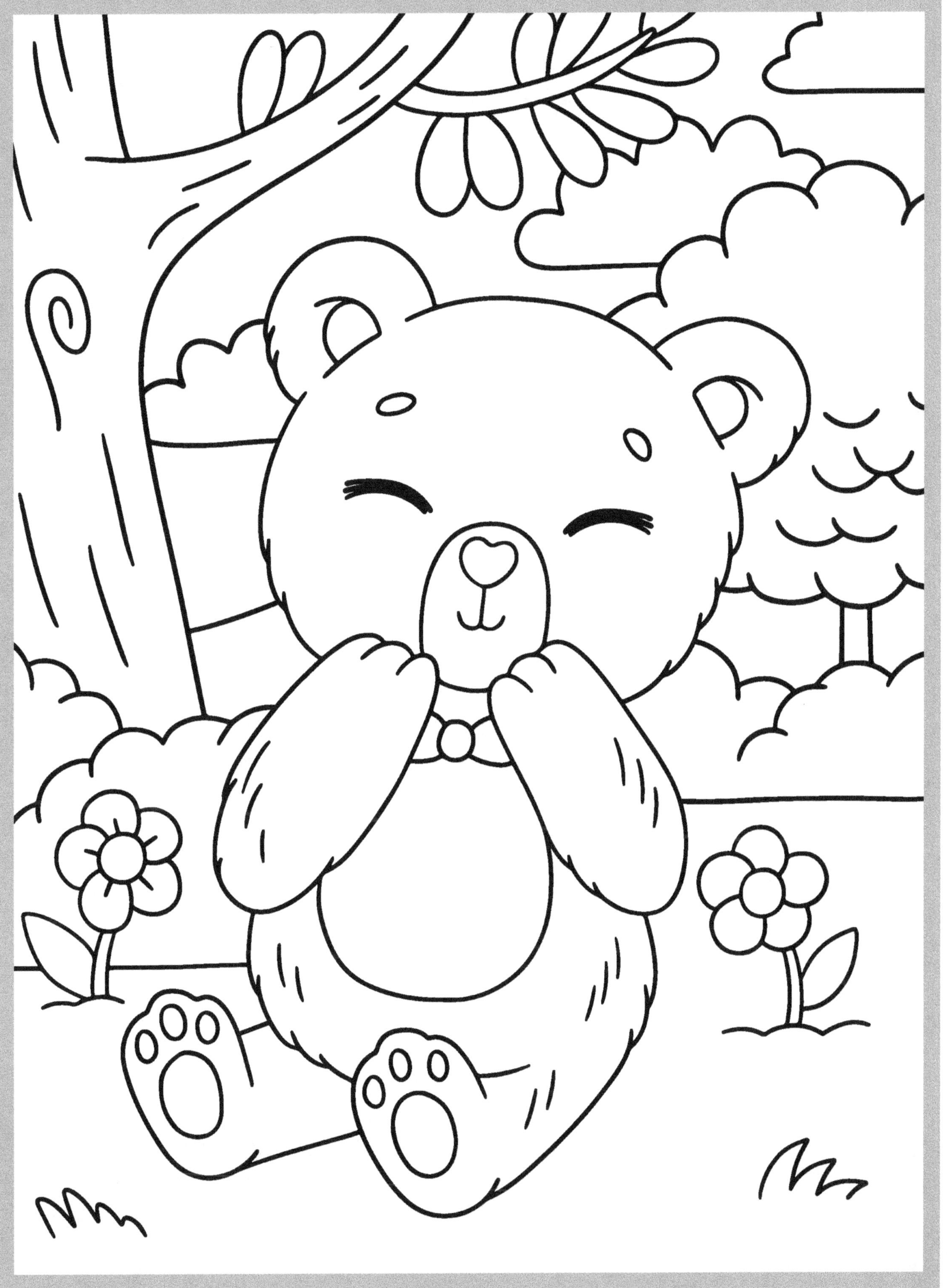

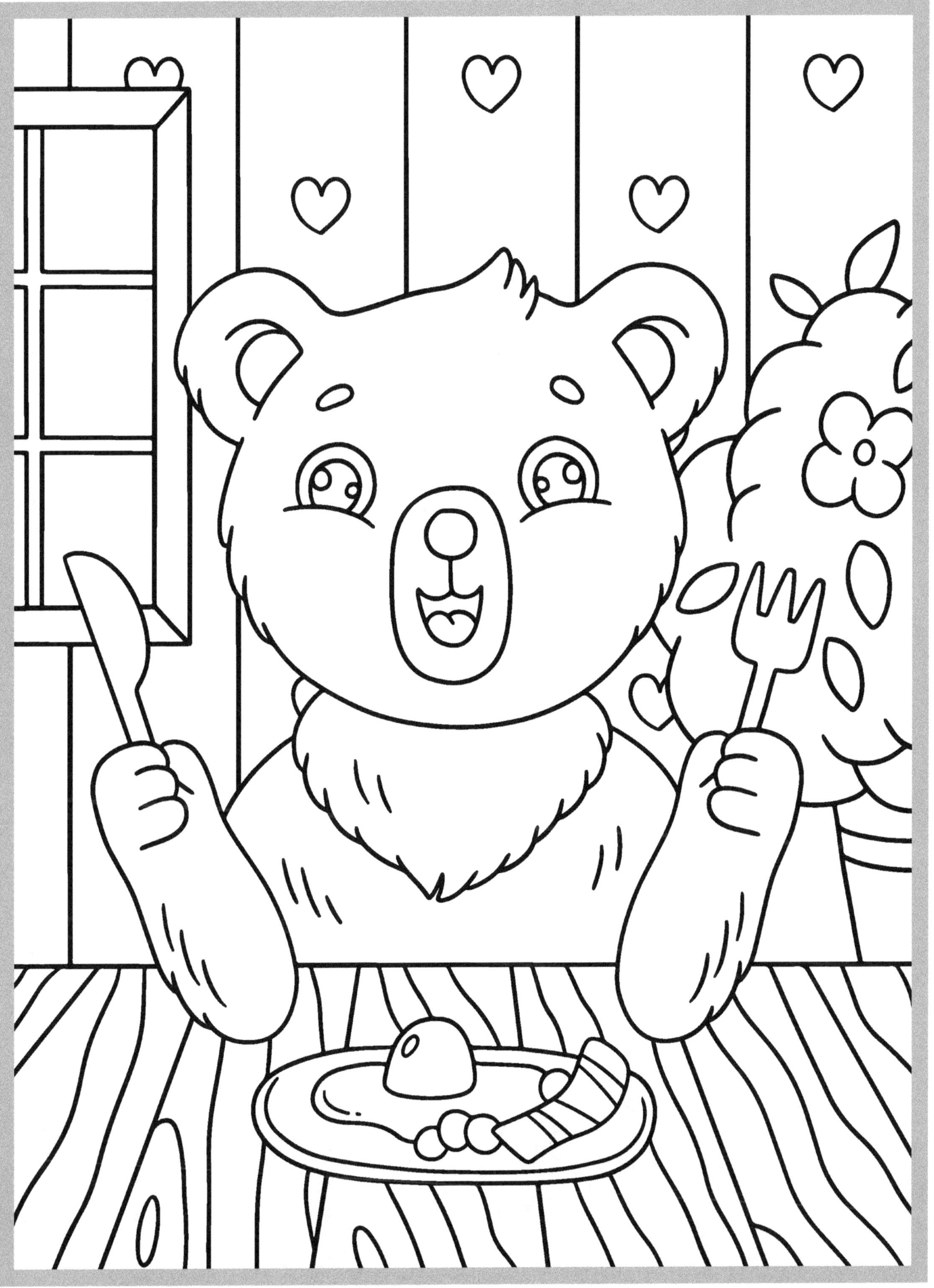

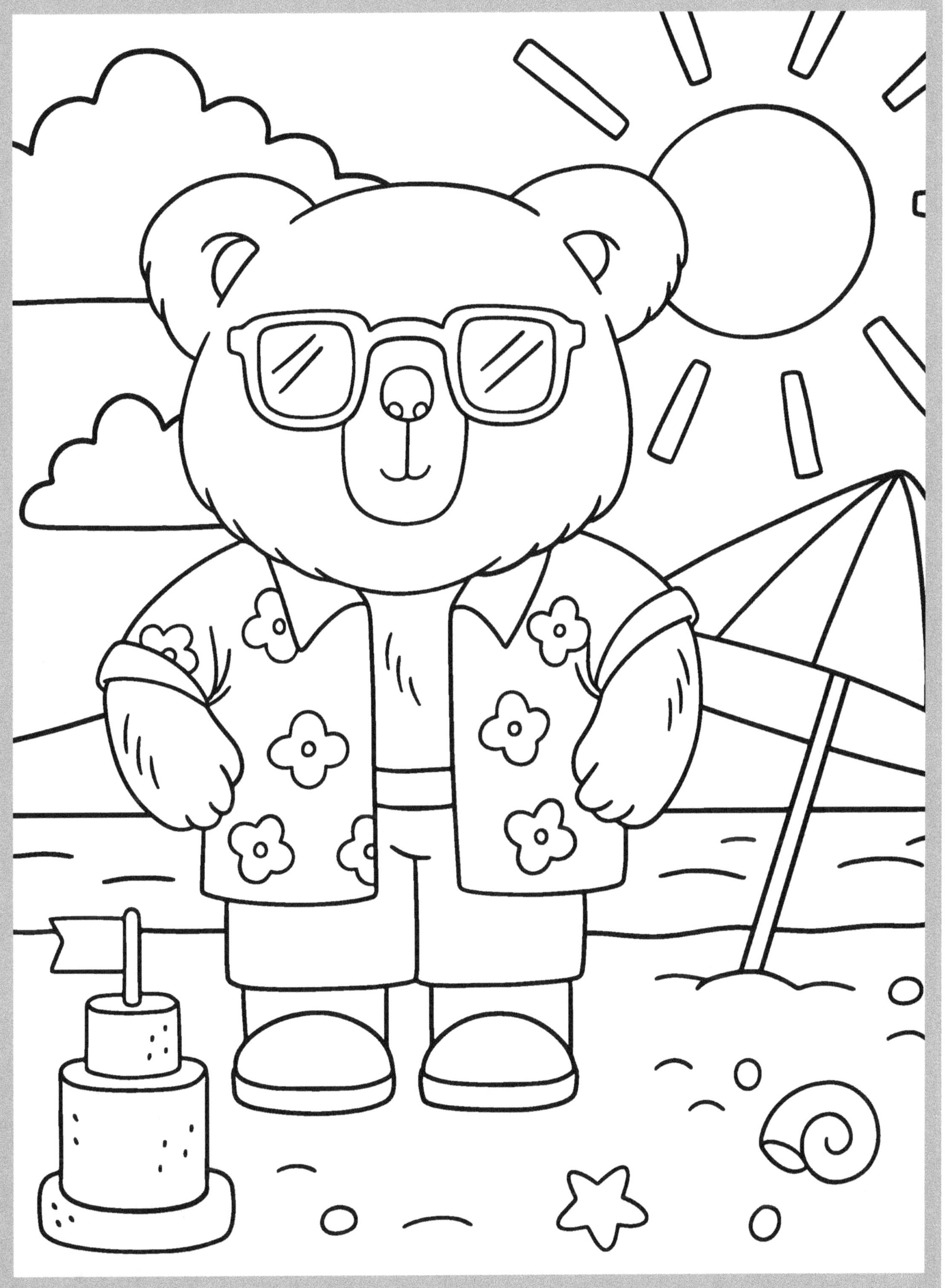

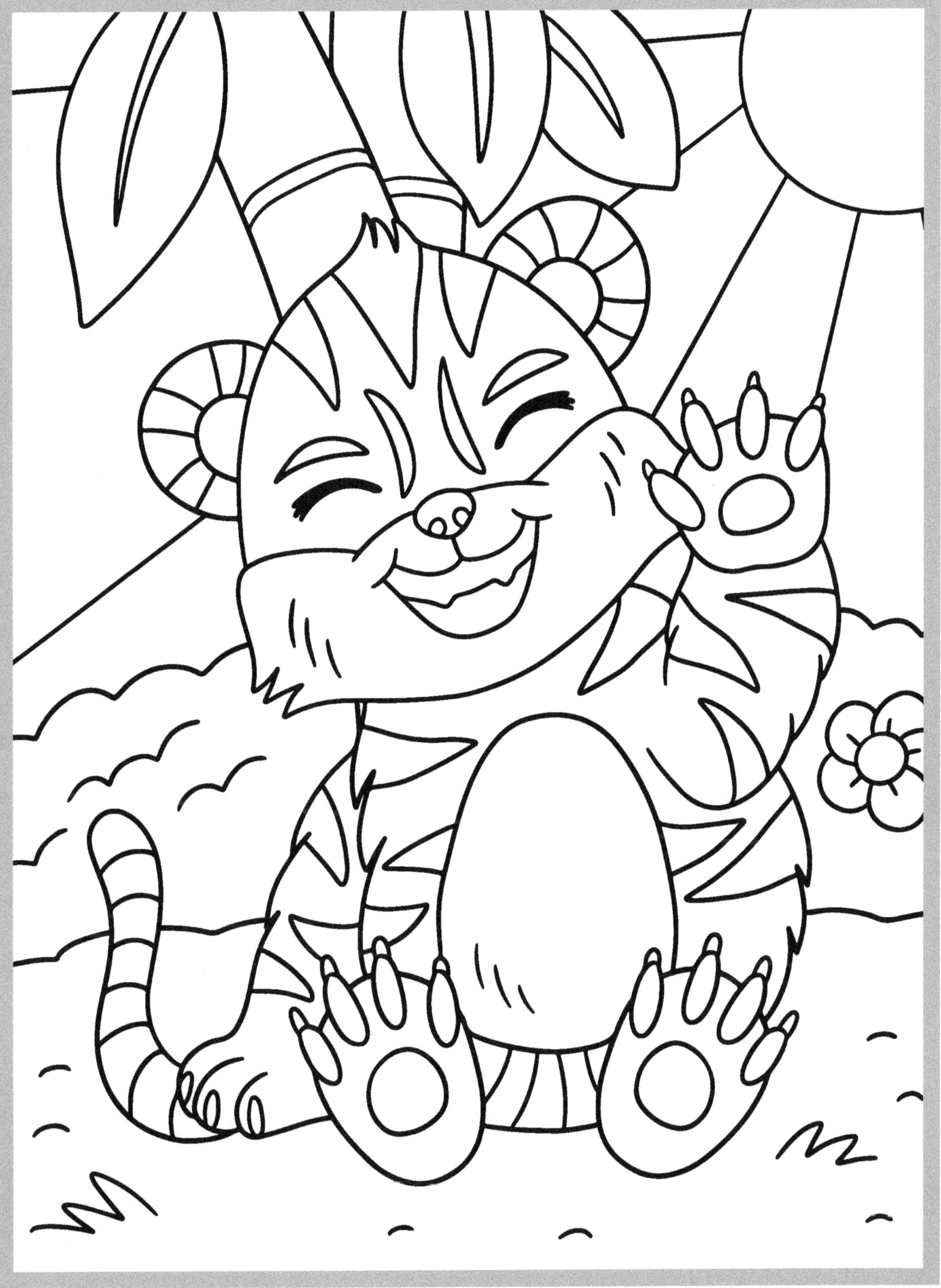

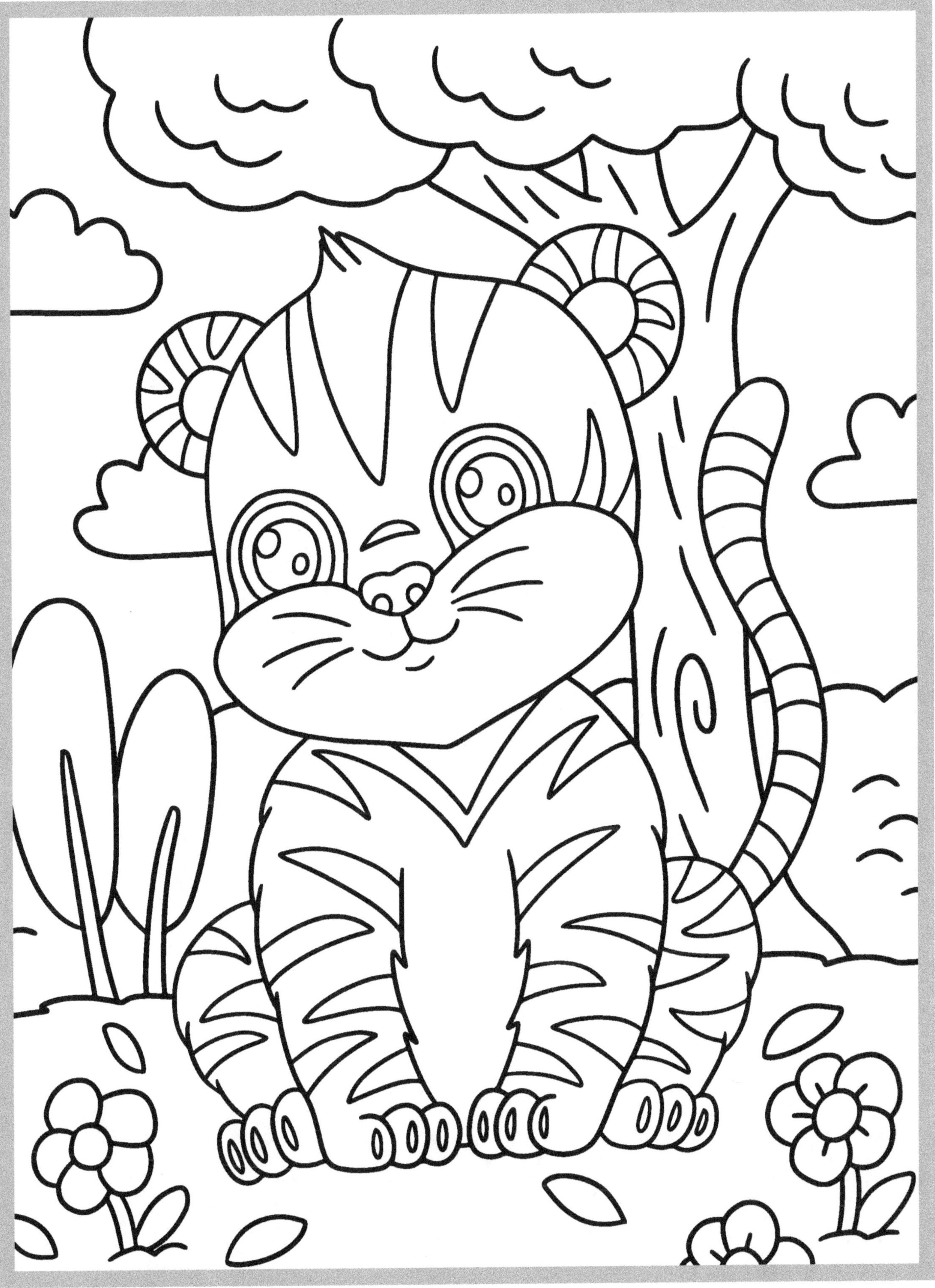

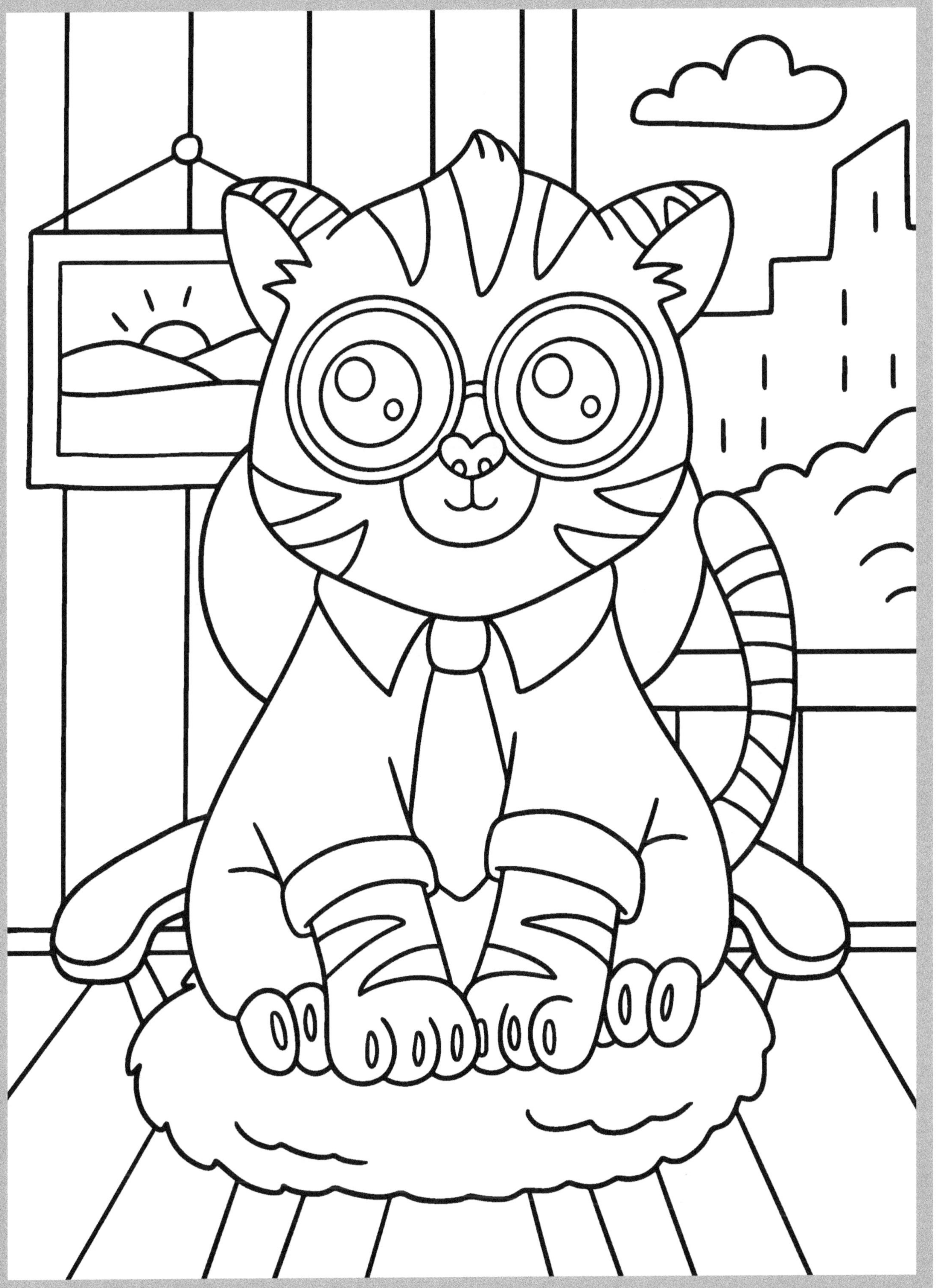

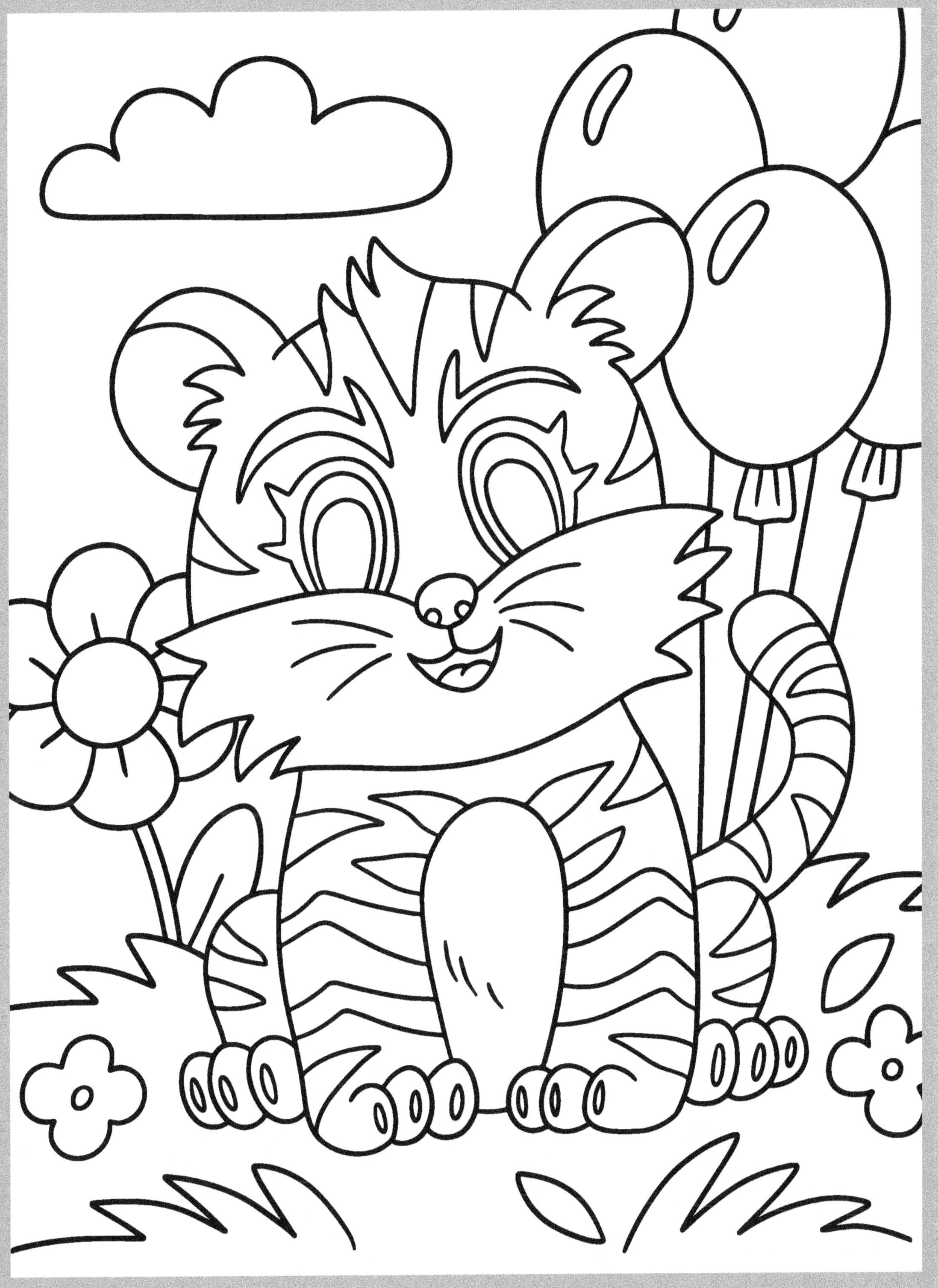

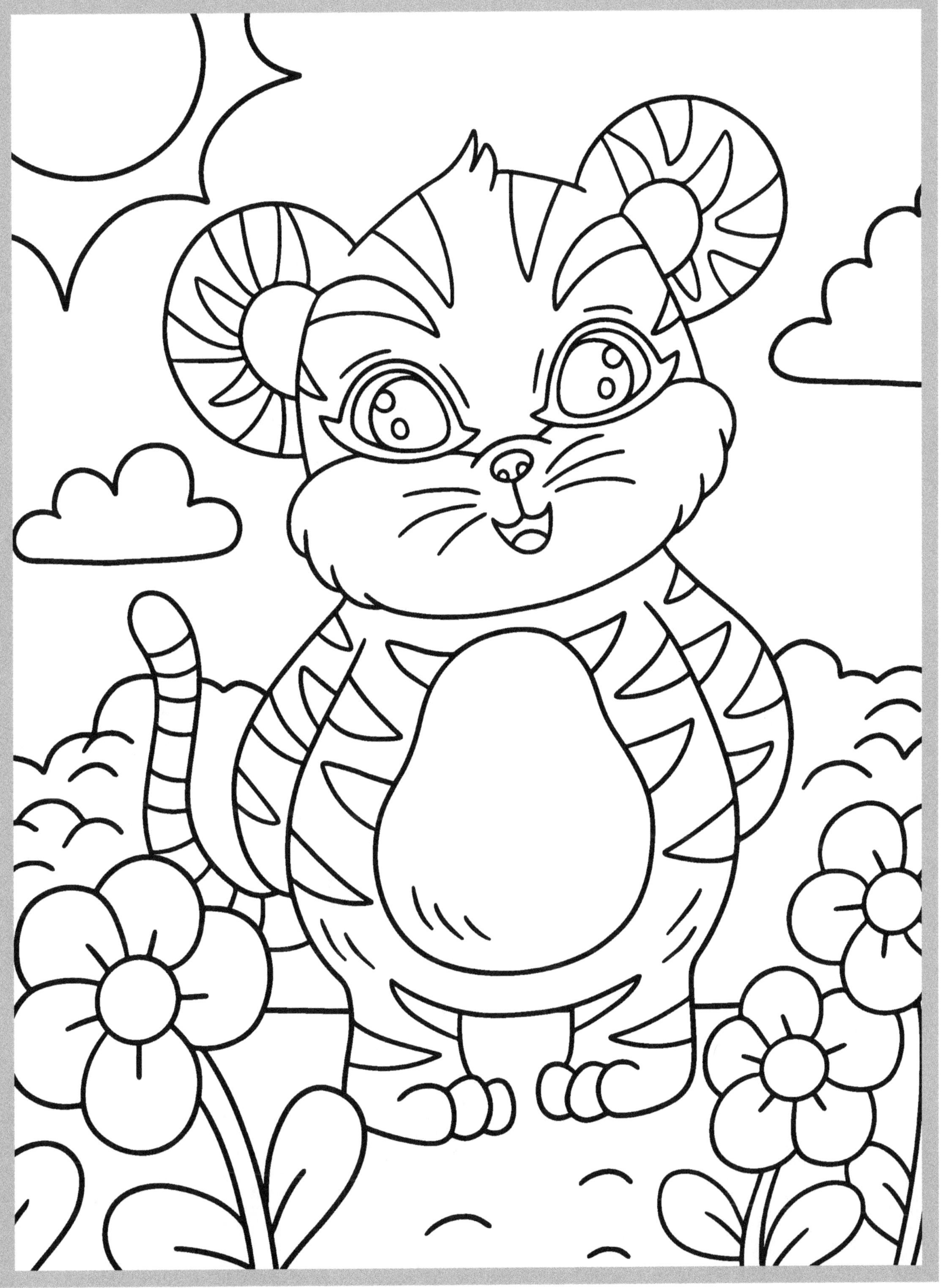

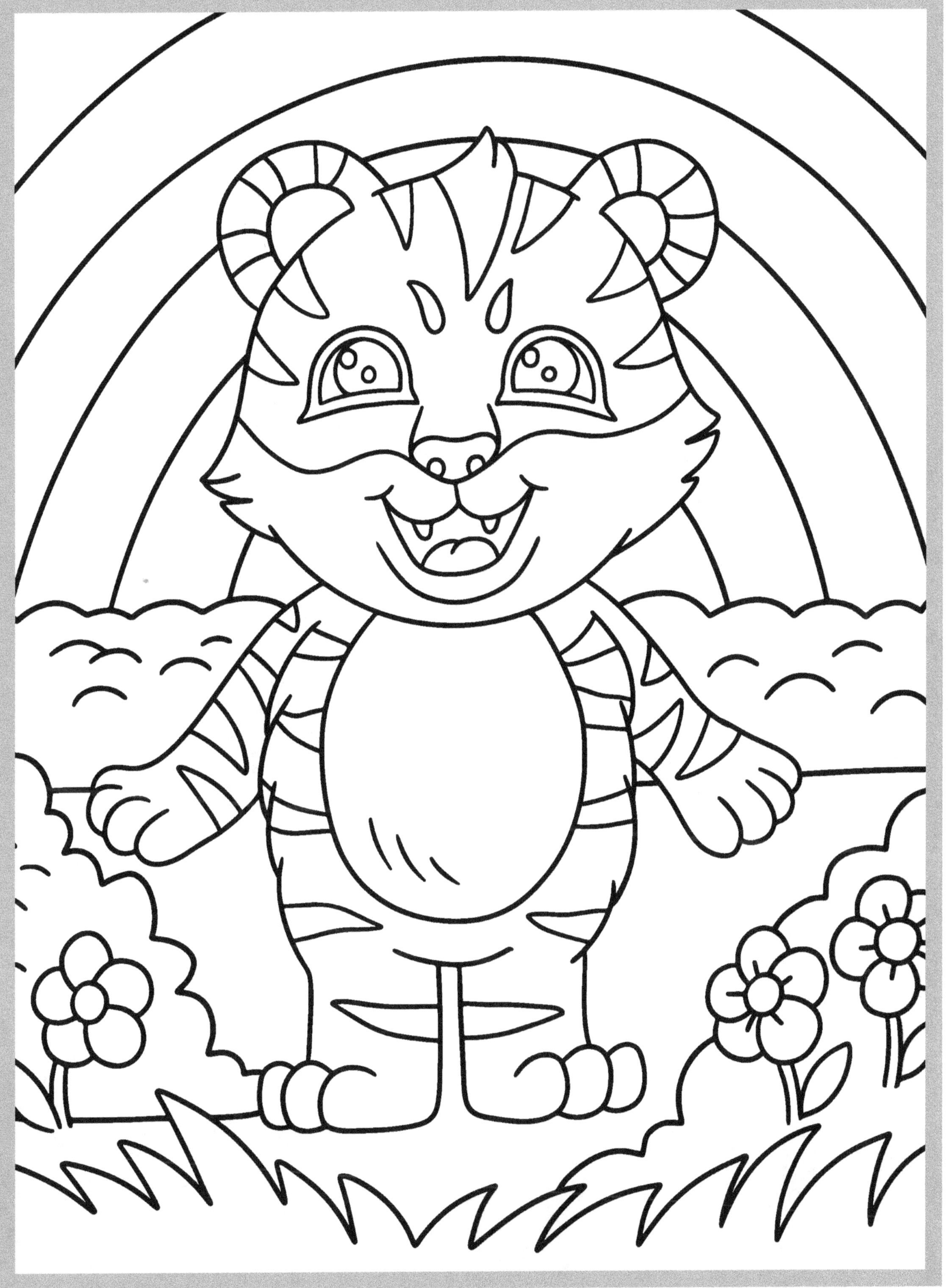

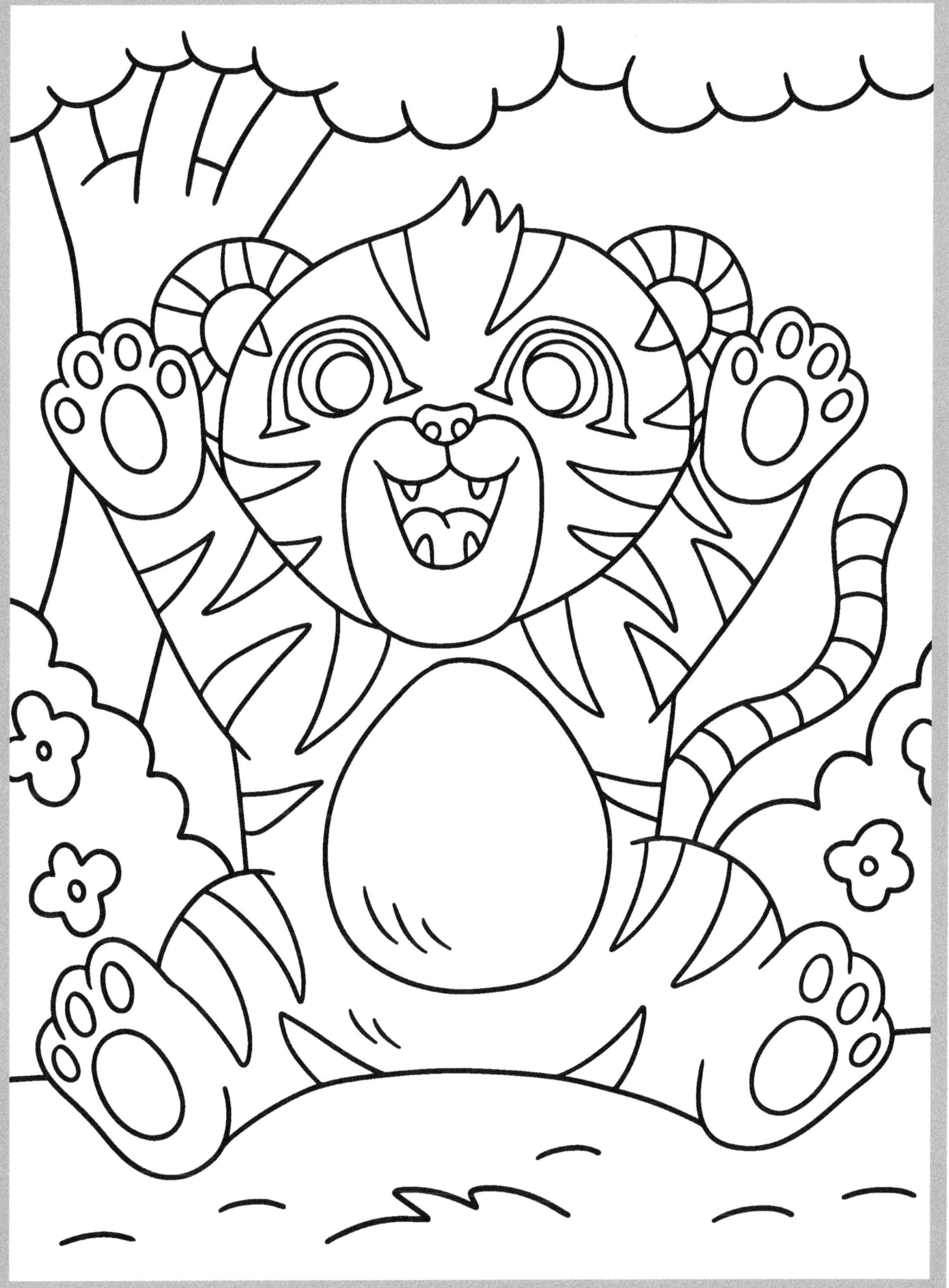

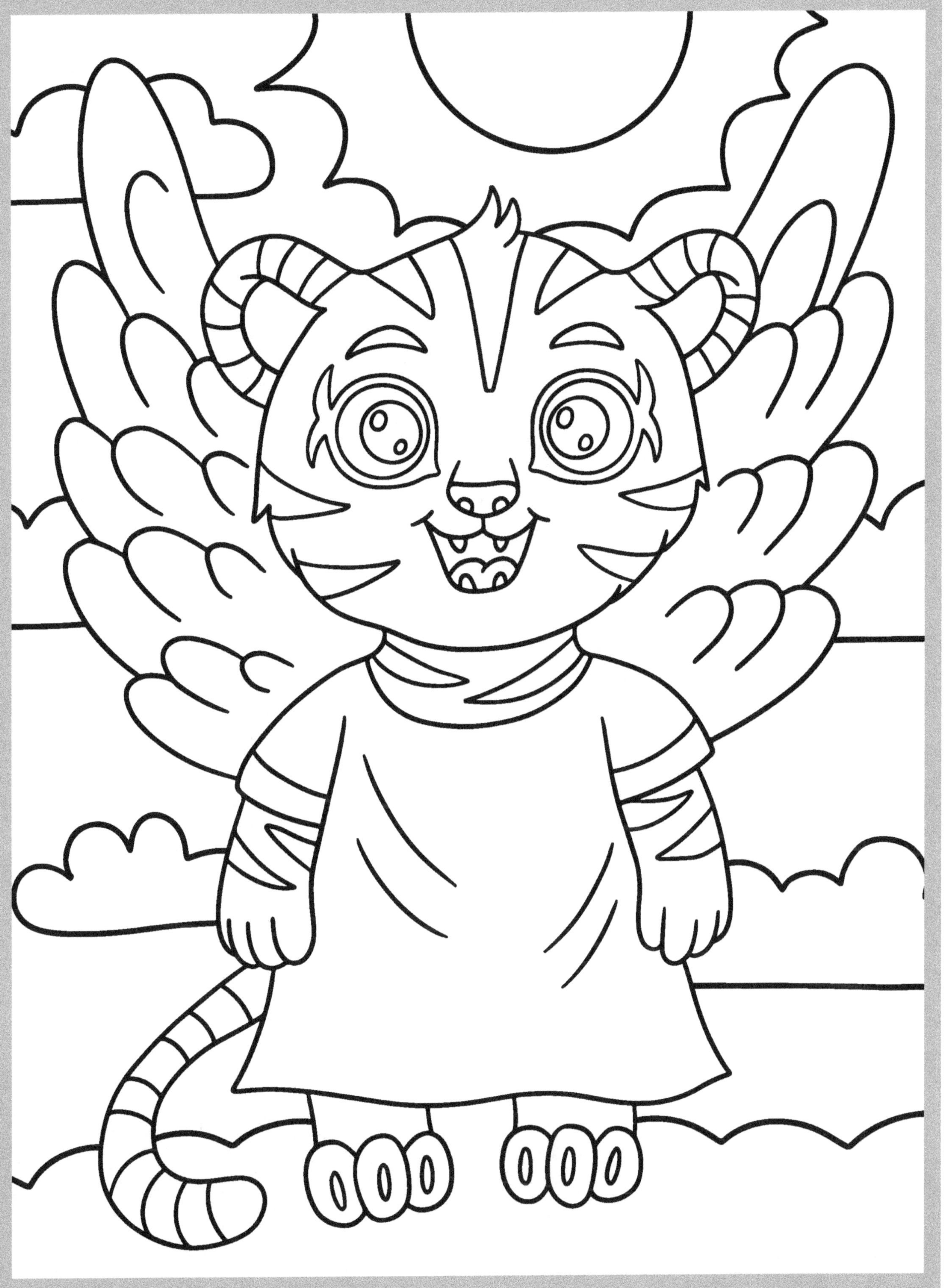

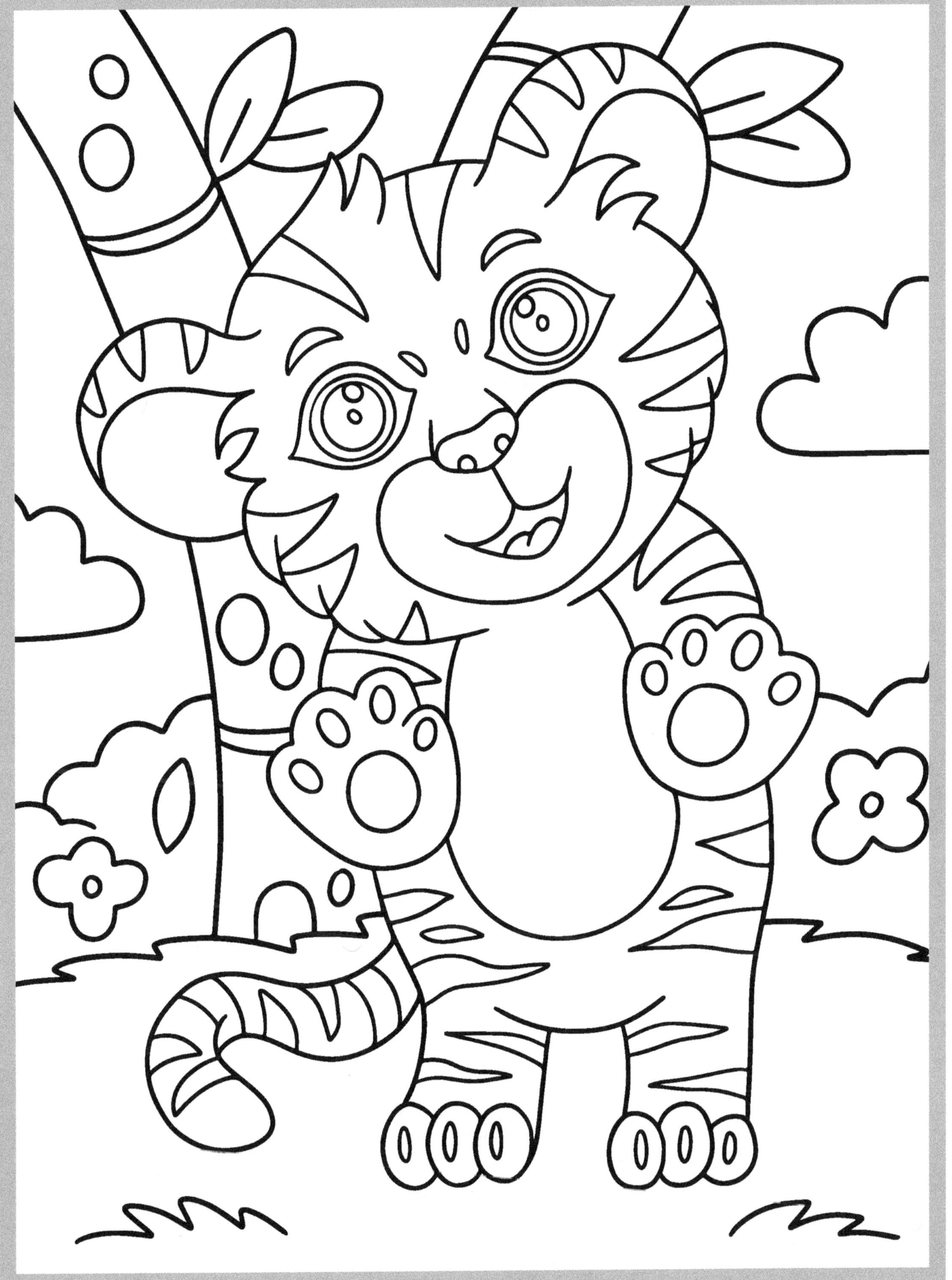

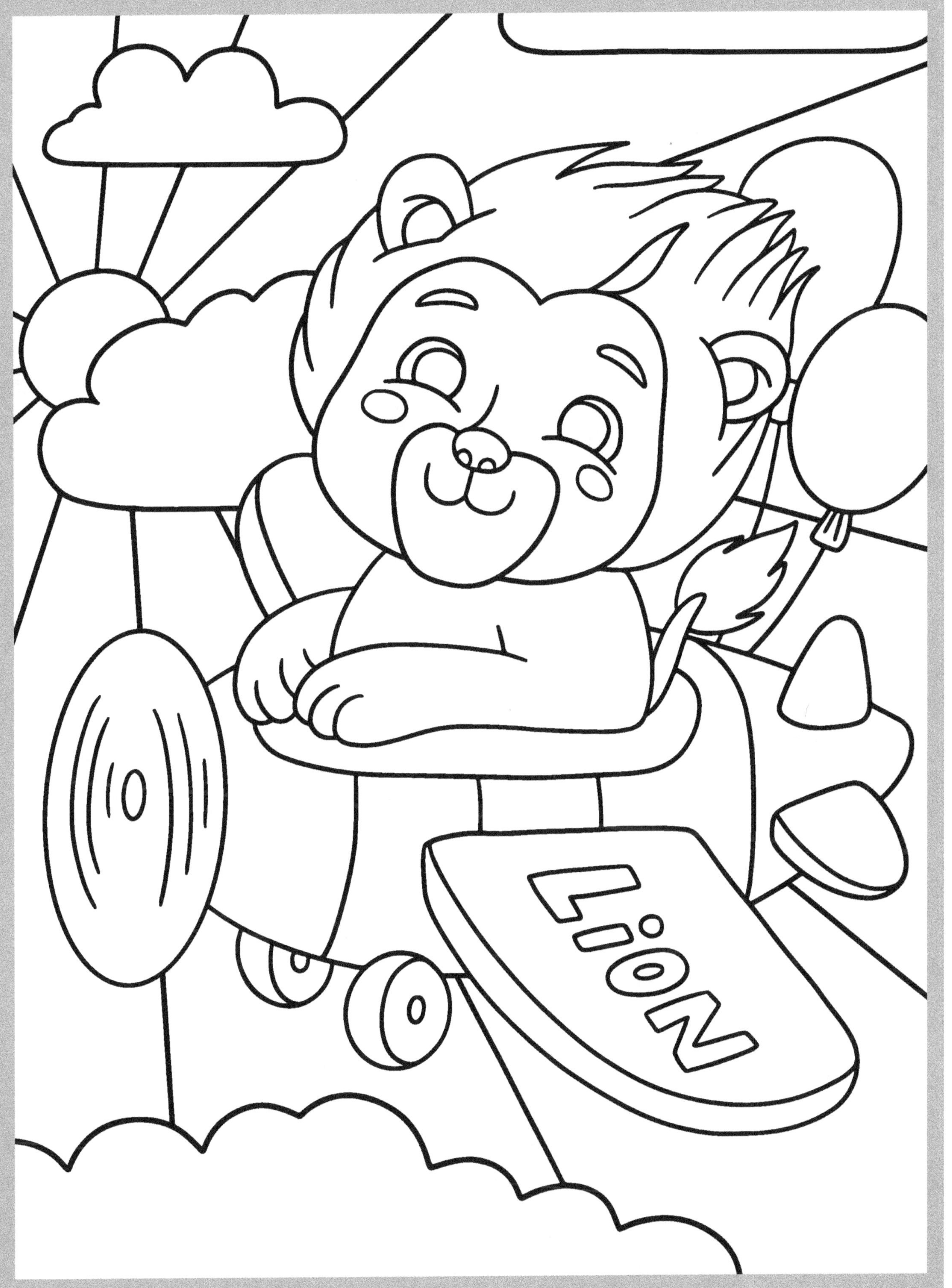

Lion

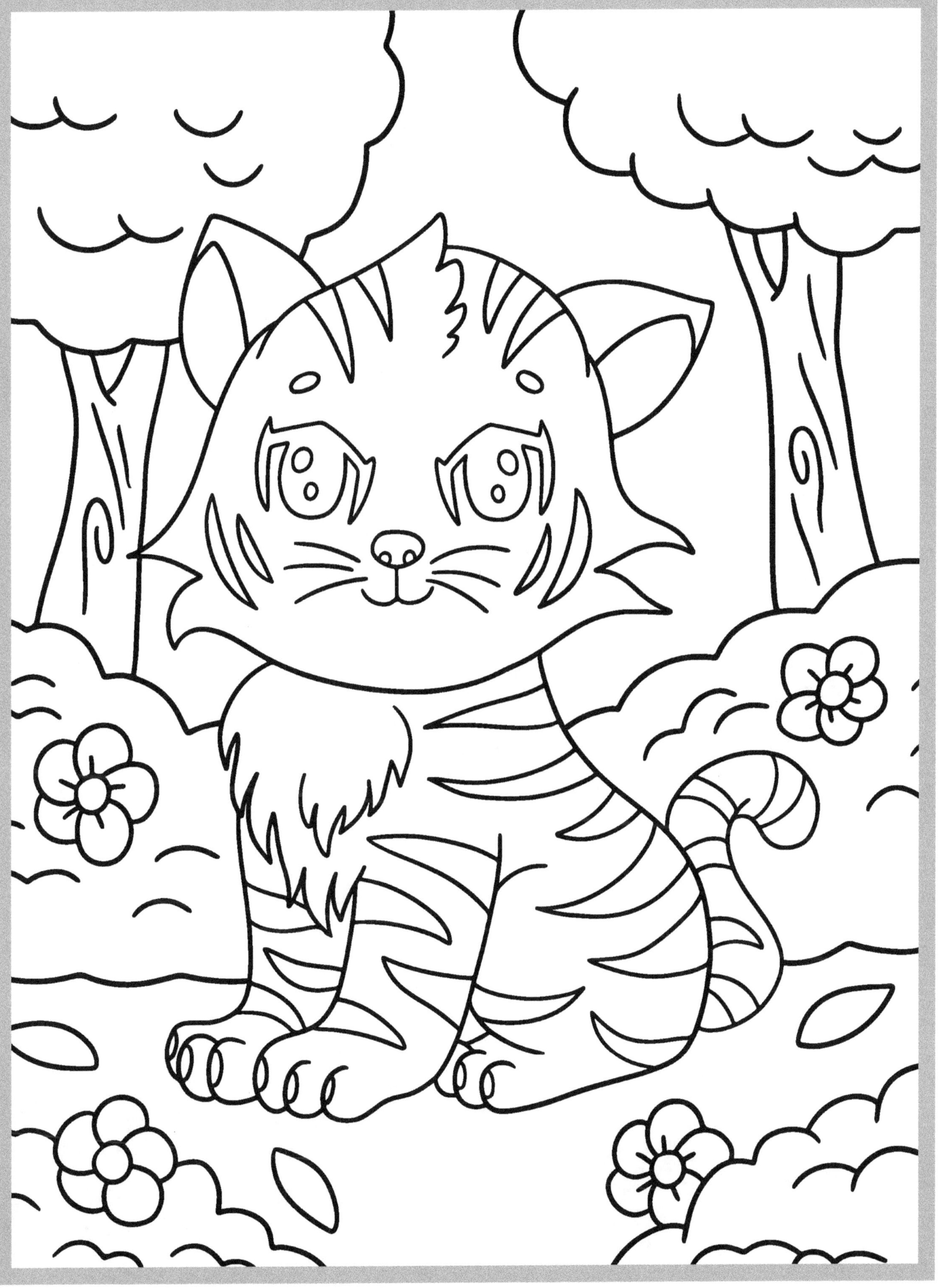

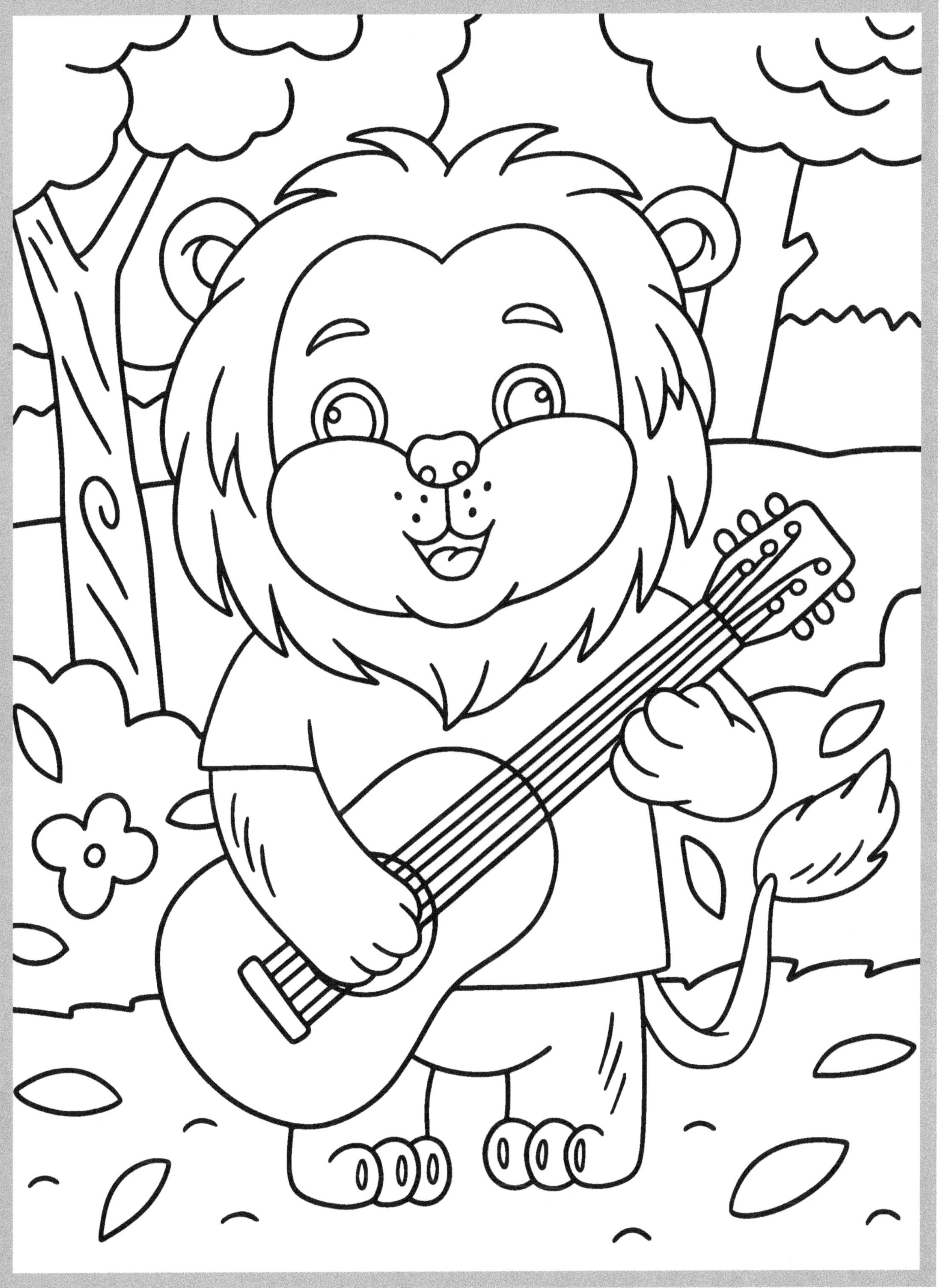

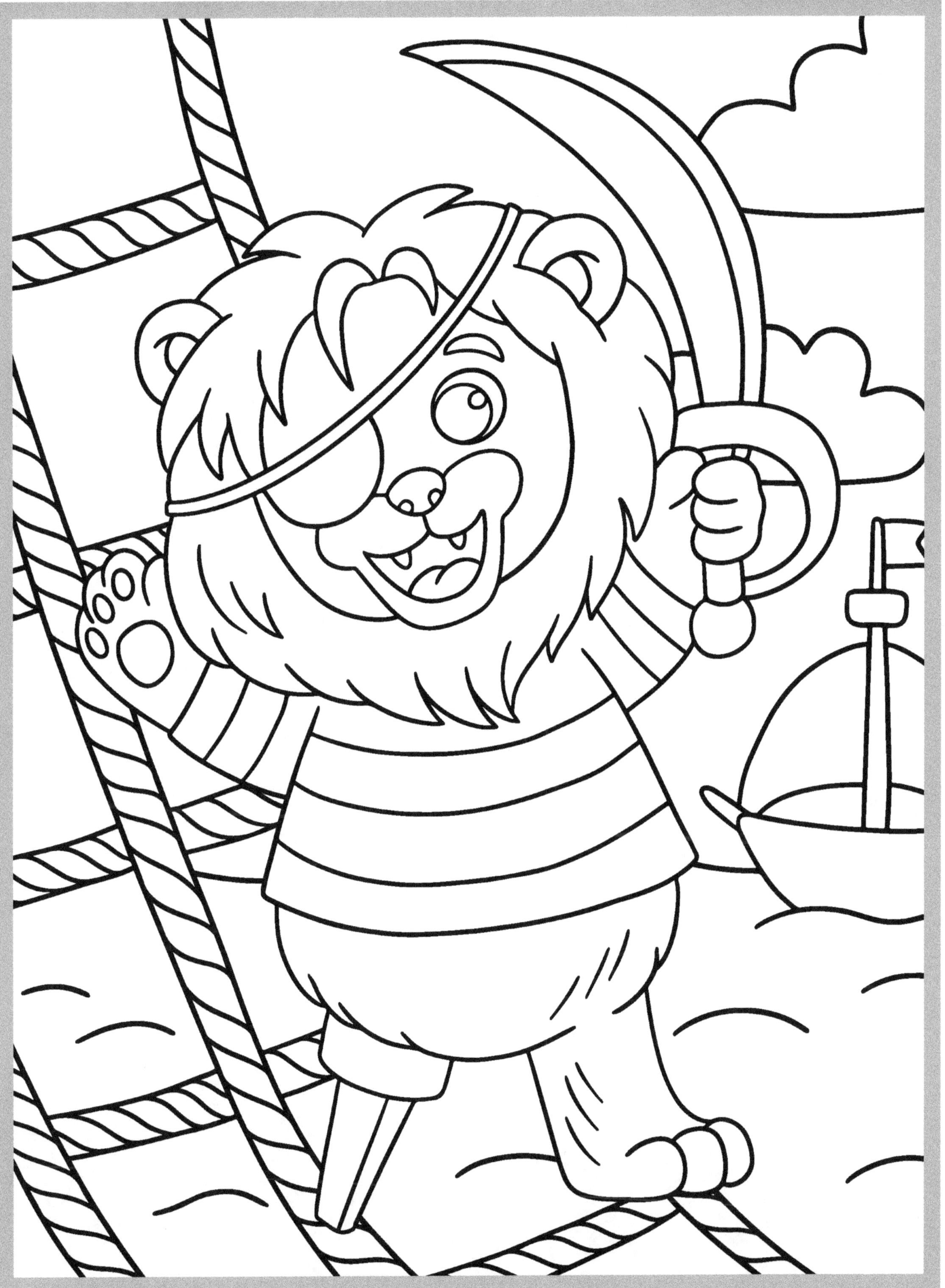